巴赫

Johann Sebastian
Bach

巴赫
Johann Sebastian Bach

皮波人物国际名人研究中心 编著

国际文化出版公司

·北京·

图书在版编目（CIP）数据

巴赫/皮波人物国际名人研究中心编著.—北京：国际文化
出版公司，2013.4
（名人传记丛书）
ISBN 978-7-5125-0417-2

Ⅰ.①巴…Ⅱ.①皮…Ⅲ.①巴赫，J.S.（1685～1750）—
传记 Ⅳ.①K835.165.76

中国版本图书馆CIP数据核字（2012）第199557号

名人传记丛书·巴赫

作　者	皮波人物国际名人研究中心 编著
责任编辑	戴　婕
统筹监制	葛宏峰 刘　毅 刘露芳
策划编辑	周　贺
美术编辑	丁鉷煜
出版发行	国际文化出版公司
经　销	国文润华文化传媒（北京）有限责任公司
印　刷	三河市嵩川印刷有限公司
开　本	700毫米×1000毫米　16开
	11印张　　　　　　　100千字
版　次	2013年4月第1版
	2020年9月第2次印刷
书　号	ISBN 978-7-5125-0417-2
定　价	27.50元

国际文化出版公司
北京朝阳区东土城路乙9号　邮编：100013
总编室：（010）64271551　传真：（010）64271578
销售热线：（010）64271187
传真：（010）64271187-800
E-mail：icpc@95777.sina.net
http://www.sinoread.com

目录

年少的磨砺

失去双亲 008

哥哥的鼓励 015

应对考试 020

勤奋学习 024

收到聘请的通知 032

与哥哥再会 037

爱情与事业双丰收

爱情的火花 044

教会的突变 048

重大的决定 053

面对困难 057

目录

事业的起步 062

受到王子夸赞 068

盛大的音乐会 072

精彩角逐 077

荣誉的背后 084

人生的转折

冒雪拜访启蒙老师 088

与名人会面 093

痛失伴侣 097

弗里德曼的决定 102

心灵的碰撞 108

有安娜的日子 111

目录

迫于生活压力   117

烟消云散   122

意义深远的曲子   129

人生落幕

腓特烈大帝的邀请   136

《勃兰登堡协奏曲》   142

大儿子叛逆   147

弗里德曼的逝去   152

音乐生涯的荣光   157

与世长辞   163

目录

年少的磨砺

失去双亲

著名的巴洛克时期的德意志作曲家约翰·塞巴斯蒂安·巴赫，被世人推崇为音乐史上最重要的作曲家之一，他对西方音乐的发展有着强烈而深远的影响。巴赫的音乐创作蕴含了丰富的德意志音乐风格，使用了纯熟的复调技巧，他的音乐可以说是巴洛克音乐的精华。巴赫被誉为西方的"现代音乐之父"，同时也是西方文化史上最重要的人物之一。

1685年3月21日，约翰·塞巴斯蒂安·巴赫诞生在一个周边山峦起伏，有着一片葱郁森林，河流蜿蜒的美丽城市——德意志中部图林根州的艾森纳赫。

当人们提到巴赫家族的时候，都会立刻与音乐联想在一起，因为他们在图林根州是个历史悠久的音乐世家。但是年少时期的巴赫也是经历了很多磨砺的。

约翰·塞巴斯蒂安·巴赫的祖父是一位知名音乐家，他的父亲同样也是一位著名的音乐家，他的哥哥——约翰·克里斯托夫·巴赫是一名出色的管风琴手。巴赫从小就生活在良好的音乐环境中。

巴赫的家庭虽然不是很富裕，但也算是小康之家，他4岁的时候，就跟着父亲学习小提琴，父亲认为巴赫有着极高音乐天赋。在这样的家庭里成长原是十分幸运的，但是命运之神却偏要找些麻烦：巴赫9岁的时候母亲不幸去世，10岁的时候父亲也离

巴赫雕像

他而去，巴赫只能由他的哥哥继续抚养。

我们的故事就是从巴赫十多岁的时候开始的。

一个安静的晚上，约翰·塞巴斯蒂安·巴赫躺在床上假装睡觉，但是他一直在暗中注意周围的动静，他轻轻抬起头，视线在房中搜寻着。这时候，皎洁的月光穿过窗户照在巴赫的床上，周围一切都静悄悄的。

这是一种很美好的意境。过了一会儿，月亮爬上枝头，森林中的一切都沉浸在那些淡薄的雾气与光线中。

侧耳倾听，细细的水声传来，犹如远方的维拉河在弹奏悠扬的曲子。夜，已经很深了，万物静寂，人们都已经沉睡，周围的一切都是安静的。

刚才一直都没有脱衣服、躺在床上的巴赫这时候悄悄地从床上下来，他轻手轻脚地走到留着一点缝隙的门前。

门旁边的窗户底下有一张桌子，桌子的抽屉里藏着他哥哥克里斯托夫最喜欢的乐谱，巴赫轻轻地抽出一叠乐谱，拿到月光底下看了起来。这是当地著名音乐家包姆的乐谱。

巴赫拿着乐谱，蹑手蹑脚地走到门边，他悄悄地推开门，小跑到门外的长廊里，又沿着这条长廊缓缓地走到通往阁楼的楼梯口，然后很小心地爬到狭窄的楼梯处。

巴赫心里想，马上就能认真欣赏包姆的乐谱了。他越想越高兴，用最快的速度走到了阁楼中，这时候窗外的月光十分迷人，透过窗户洒满了整个阁楼。巴赫立刻陶醉在这美好的景色中：远处的森林被月光照映着，包裹在一片夜雾之中。

巴赫想，今天晚上我就抄完哥哥的乐谱了，我的工程马上要竣工了，这实在是太棒了，但是如果哥哥知道我抄完了费雪以及包姆的乐谱，他一定会很吃惊，不知道会不会很生气。

巴赫一边想着，一边走近窗前的书桌。正当他费了很大力气抄完了的时候，楼梯处传来了沉重的走路的声音，一定是有人找过来了。

10岁的巴赫身体开始不停地哆嗦着，他惶恐地把头埋在书桌上。

这时候，门被狠狠地推开，巴赫最担心的事情终于发生了。

"我顺着声音找过来，以为是有贼呢！怎么是你，塞巴斯蒂安？"巴赫听到的是哥哥克里斯托夫的声音。

"哦，哥哥，实在对不起，我什么都没干，只是在抄乐谱罢了。"

"果然是这样啊！难怪我觉得有什么地方不对劲，塞巴斯蒂安，你怎么越来越不听话了！"克里斯托夫手中的蜡烛忽闪着，映着他严肃的脸庞，他的眼睛盯着桌子上的乐谱和巴赫的脸。

克里斯托夫在教会担当风琴手，他收藏了很多例如包姆、费雪等一些著名音乐家的乐谱。可是克里斯托夫从来都不将这些乐谱拿给巴赫看，而是小心地当宝贝一样藏在自己的抽屉中。

"塞巴斯蒂安！说，你是什么时候开始抄我的乐谱的？"

"大约……大约是半年之前。"巴赫颤抖着小声地回答。

"你说什么！你在半年之前就开始这种私下活动了？你是受了谁的怂恿？"

"哥哥，请您原谅我，我只是盼望着有一天能够成为跟你一样出类拔萃的风琴演奏家，我只好……"

"塞巴斯蒂安，你应该懂得我很珍爱这些乐谱，当然你也是我们巴赫家的孩子，能够有成为出色的风琴演奏家的抱负很了不起，可是你的行为实在让我很愤怒，立刻把你抄的乐谱统统还给我！"克里斯托夫的每一句话都让巴赫很伤心。巴赫只好小心翼翼地收拾起放在书桌上的那些乐谱，强忍着泪水，很有礼貌地递给哥哥。

"你似乎已经抄完了，你是不是每天晚上都起来抄这些？"克里斯托夫借着微弱的烛光看着巴赫抄的乐谱，似乎十分惊讶。

"不是的，只有月光很亮的时候，我才能借着明亮的月光抄写，这会儿我正好抄完了。"巴赫的泪水最终还是忍不住顺着脸颊扑簌地掉了下来。

"亲爱的爸爸，亲爱的妈妈……"年少的巴赫开始在心中呼唤着，但是他的爸爸妈妈早已经离他而去了。

自从父母去世之后，巴赫就寄住在哥哥克里斯托夫家，到现在已经快有一年的时间了。

"塞巴斯蒂安，我不该骂你，不要哭了好吗？"克里斯托夫的声音突然变得很温和了，"我从来不知道你是借着月光抄乐谱的，这事情也就是我们巴赫家的孩子才能做得出来，你这样做是因为将来想成为出色的音乐家，可是你没有经过同意就打开别人的抽屉，这是很不好的行为，你明白吗？"

"我知道,哥哥,是我不对!"巴赫一边用他的小手擦眼泪，一边跟哥哥道歉。

哥哥看了看他，轻轻说道："不过呢，这些乐谱我依旧得收回去，虽然这样做很不通情理，但是我觉得这对你更有帮助。你要知道，音乐的道路是崎岖漫长的，假如你想成为一名出色的音乐家，那就要自己开创属于自己的道路。"

"我明白了，哥哥，我一定会努力加油的。"

"嗯，这样才对，塞巴斯蒂安，你要记住，你是咱们巴赫家的一员，我也希望你能够早日成为一个优秀的音乐家。"

巴赫坚定地说："好，我一定会努力，直到实现我的梦想为止！"

"我虽然不富裕，但一定会竭尽全力地去帮你，这样才不会辜负爸爸妈妈的托付。"克里斯托夫边说边把手放在巴赫的肩膀上，眼中尽是慈爱和温柔。

"哥哥，你说爸爸妈妈是不是在星星上面住着呢？"巴赫一边仰头看着哥哥，一边指着窗外的星星。

"对啊，爸爸妈妈和神都在星星上面关切地注视着你的所有举动。"

"爸爸妈妈，你们看着吧，我将来一定要成为一个伟大的音乐家。"巴赫跪在地上，双手交叉在胸前默默祈祷着。

这时候，他的哥哥克里斯托夫也把手轻轻放在巴赫的肩上，虔诚地祈祷着。

在巴赫的家乡图林根州有很多城市和村落，这其中姓巴赫的家族就有13个，并且每个家族都是赫赫有名的音乐家族。

巴赫家族大部分人就职在每个城市或者村落的教会，担任乐师的职位，家族成员每年至少有一次在其中一家聚会，举行演奏会。这对年幼的巴赫来说，是最令人兴奋的日子！

聚会这一天，巴赫家族都将之视为最重要的日子，穿着最漂亮的衣服坐着马车过来，大家聚到一起，有的唱歌，有的跳舞，有的弹奏风琴，所有人一直聚到天亮才结束。聚会让大家很开心，之后大家还会约好明年见面的时间和地点，这才恋恋不舍地告别，各自尽兴回去。

巴赫在家中排行第四，是家中最小的孩子。父母过世时，只有大儿子已经成家，其他三个未成年的孩子只好各自寄居在巴赫的其他家族中，这让他们兄弟姐妹们骨肉分离。每年只有巴赫家族音乐聚会的时候，巴赫才能与其他的兄弟姐妹见上一面，但那是很短暂的一天。这一天结束后，他们只能再次分道扬镳，各自回到寄居的巴赫家族中去。

巴赫的哥哥克里斯托夫是一位很出色的风琴演奏家，但是生活却十分贫困。这是欧洲长达30年的宗教战争所遗留的一些影响。30年的战争让人们生活在水深火热中，每个城市都有很多居民饥寒交迫，有一些人甚至穷得连房子都失去了，只好搬到山脚下的洞穴中居住。

这时候，马丁·路德主张宗教自由，并开创了新教派，他的宗教改革运动在欧洲引起很大反响，旧教派的人们则开始斥责他们是异教徒。后来，德皇为了镇压马丁·路德创立的新教派，任命他的弟弟为捷克的国王。捷克地区的新教徒拥立他们的精神领袖进行反压迫斗争。

矛盾一触即发，捷克内乱的影响立刻延伸到了丹麦、瑞典等新教国家，旧教国家西班牙等也开始整顿兵力，新教与旧教的对立使整个欧洲陷入一片混乱。

后来在1648年，各个交战国签署了和平协议，终于将30年的战争画上了休止符。可是这时候所有的地方都被战争破坏，很多房屋墙壁满是疮痍，每个家庭都受到了很大打击，以教会所受的打击最为严重，财政入不敷出，十分贫困，这让教会人员，像克里斯托夫这样的乐师的生活受到了严重影响。

克里斯托夫善良淳朴，可是他对巴赫追求音乐以及学问的要求却十分严格。每天巴赫从欧鲁多曼夫小学放学回家，哥哥克里斯托夫就开始教他学习希腊文、拉丁文、神学、修辞学，有时候还教巴赫弹奏风琴或者拉小提琴的一些技巧。

克里斯托夫和当地有名的音乐家都是很好的朋友，大部分人对克里斯托夫很尊崇。这是让巴赫感到十分自豪的事情。

哥哥的鼓励

两排高大挺直的榆树静静地站在街道两侧，这条街的尽头就是欧鲁多曼夫小学，这时候正好放学了。

秋天的天气很干燥，傍晚的阳光照在地面上，满地的黄色落叶在阳光的照耀下，发出金灿灿的光。

"塞巴斯蒂安！"

当巴赫走到校园门口的时候，突然听到有人在呼唤自己，他回头一看，原来是好朋友厄德曼正在向他招手。

因为赶在放学时间，很多同学都挤在校门口，巴赫被夹在人群中，他抬起手向对面的厄德曼也打了一声招呼。

"你现在就着急回去吗？"厄德曼向巴赫问道。

"是啊，哥哥规定我今天要修习拉丁文。"

"那你可以等我一下吗？我想跟你说几句话。"

"好，晚一点回去也没什么大事的。"

厄德曼说他十天之前就想跟巴赫说这些话的，他觉得巴赫的哥哥应该还没有从教会赶回来，打算跟巴赫边走边谈。

于是，他们两人就离开校园朝着森林走了过去。阳光照耀在潺潺的河流上，映出了黄灿灿的光波。一群群自由自在的小鸟在河流与天空之间飞翔着。

厄德曼看着小鸟自由自在地飞翔，说："这感觉实在很好！我真盼望自己能够像小鸟这样，可以自由自在地想去哪里就去哪里。"

这时候，巴赫也开始凝视着美丽的天空。厄德曼虽然是城内贫穷木匠的儿子，但十分喜欢音乐，他们两个正是因为有着相同的爱好而成为好朋友的。

他们两个并排走到了山坡上，从这里可以看到整个城市的景色，还有远方的森林。他们两个把腿伸直，舒服地躺在草地上。

"塞巴斯蒂安，你看那边还有人住在洞穴里面，实在太悲惨了，我最讨厌战争了。"厄德曼沉重地叹了口气。

"是啊！人和人之间为什么要相互残杀呢？我不明白战争有什么好处。"

"能有什么好处呢？只能让这个社会更加混乱！"

"像以前一些繁荣的城市和村落，现在都变成一片废墟，真是可怜！"

"这让人讨厌的战争如果能永远从世界上消失，我们就可以过着幸福的日子了。"

　　他们两个不禁谈论起战争的残酷来。聊了一会儿，他们开始闭着眼睛享受秋日，不一会儿，有两只大鸟忽闪着翅膀从他们头顶上经过，巴赫马上坐了起来。

　　"你打算跟我说什么？"他问厄德曼。

　　"你听说过吕内堡吗？"厄德曼问他。

　　"没有，那是一座城堡吗？"

　　"那，你听说过包姆先生这个人吗？"

　　"这个我很熟悉，我哥哥时常提起他，说他是个很出色的风琴演奏家。"

　　"对，我现在就在想关于他的事情。"

　　"他的事情？你是什么意思？"

　　"我是说，我们两个可以去包姆先生那里学音乐。"

　　"哦，这样……但是这需要很多学费。"

　　"不用，昨天有人从那边回来，告诉我一个令人兴奋的消息。"

　　"什么消息？"

　　"听说吕内堡的圣·米歇尔教堂现在正在招收合唱团员，不仅免交学费，而且提供住宿，同时还付薪水，你说这消息好不好？"

　　"厄德曼，听你的语气，感觉你好像已经加入合唱团一样……"

　　"呵呵……"厄德曼的眼中闪耀着光芒。他坐了起来，紧紧抓住巴赫的手，继续说，"一直在这个地方，是不能成为出色的音乐家的。即使我们在学校中的音乐成绩特别好，可是我们很穷，没有什么能力去继续研究。我们应该克服贫穷，去拜望包姆先生，我打算下个星期六就去试试，我认为包姆先生一定会接受咱们两个的。"

巴赫眼中也闪耀着强烈的光芒，他很希望能够去吕内堡。"但是，我很担心，我哥哥不会同意我离开的。"

"你试试看，说不定他会同意的。"

当晚，巴赫修习完拉丁文之后，他的哥哥仍旧同往常一样，进入房内看书。巴赫一直在餐厅胆战心惊地等着哥哥从房里出来。等了很长时间，月亮爬上树梢的时候，哥哥的身影突然出现在餐厅，他说："塞巴斯蒂安，你进来一下。"巴赫不敢耽搁，马上走进哥哥的房间。

一个蜡烛台在哥哥的风琴上摆着，微弱的烛光在晚风中忽闪。

"你坐吧。"

巴赫静静地看着哥哥，他突然发觉哥哥的眼中竟然带着泪光。克里斯托夫先祈祷了一会儿，然后对他说："塞巴斯蒂安，我明白你在想些什么。"

巴赫感觉自己的心事完全被看穿了，立刻显得很紧张。

"我在回家的路上碰到了你的同学厄德曼。"听到这话，巴赫知道哥哥已经清楚整个事情了。"我听说，你想去包姆先生那里学习，如果你已经下定决心了，我可以将你托付给包姆先生，让他照看你。你现在还年轻，正是茁壮成长的时候，必须要有一个不错的学习环境，我现在很贫穷，对你的帮助真是少之又少！"

巴赫听了哥哥的话，十分感动，他连忙握住哥哥的手说："我那会儿一直想和哥哥说这个事情的。"

"但是，塞巴斯蒂安，你还是个小孩，我实在不放心让你离开那么远，不过，包姆先生可能会教你更多的东西，我现在就给包姆先生写信，你们两个都拿出勇气去试试吧！现在你先去告诉厄德曼这个消息吧，这是给你们坐车的钱，你先收好。"

"不用了，哥哥，我们可以走过去。"

"别那么辛苦，拿着，去厄德曼家吧。"

巴赫高兴地飞跑出家门，迎着凉爽的夜风，一路奔到了厄德曼家。

"厄德曼，你在家吗？"

"发生什么事情了？"厄德曼把窗户打开，露出头问道。

"厄德曼，我们去吕内堡的事情我哥哥同意了，咱们明天就可以出发。我哥哥还说，他会帮助我们，给包姆先生写信。"巴赫激动地说。

"这实在是太好了！"厄德曼飞快地从屋子中跑了出来。他拍着巴赫的肩膀说道，"刚才和你分开之后，正好撞见了你哥哥，我就把咱们的事情全都告诉他了。这实在是太棒了！塞巴斯蒂安，我们真是很走运。"

巴赫和厄德曼实在是太激动了，他们兴奋地拥抱在一起，然后又走到他们放学时一起聊天的那个山坡上。

这时候，从远处传来了动听的歌声，河面上泛起的涟漪在月光的照耀下闪闪发光。

应对考试

巴赫与厄德曼抵达吕内堡之后，才明白原来这座城市与在途中从马车的窗口看到的很多城市都一样，也是残垣断壁，到处都是废墟，这是那30年长久战争的后果。

很多家庭的房屋都被破坏了，人们只好挤在废墟当中躲过严寒的冬季。

巴赫与厄德曼顺着荒凉的道路一直向前走，走了很长时间才到了圣·米歇尔教堂。教堂庭院中有一片榆树林，秋风一过，满地黄叶，他们看到庭院当中有身着白色衣服的修女们正在认真地打扫落叶。

"不好意思，打扰您一下。"巴赫对其中一位眼睛十分明亮的修女说。

"请问有什么事？"修女十分亲切地问他。

"我们两个是从艾森纳赫到这里来的。"

"你们俩从那么远的地方长途跋涉而来，实在是很厉害。"

"我们是过来参加唱诗班的……"

"哦，是这样啊，那么请两位随我来！"

这个修女带着他们穿过宽广的庭院，之后又到了礼拜堂，然后走过长廊，最后他们进入了内院。长廊每个角落都悬挂着耶稣的圣像，十分动听的风琴声时不时地传进他们的耳朵，不知道哪里在合唱着赞美诗。他们被带到一个房间里等待。不一会儿，教堂的风琴手包姆先生出现在门口。

包姆先生的脸上带着微笑，他看了看他们两个，然后摸着他们的头，开始读巴赫的哥哥写给他的信。

"你们两个都很能干，居然有勇气跑到这边来了。"

"我们能行吗？先生。"巴赫惴惴不安地问包姆先生。

"我很担心你来到这里，如果总是思念哥哥，哭着要回家，那我可就没办法了。厄德曼也是这样，你还这么小，我实在不放心。"

"请您不用担心这一点。"厄德曼立刻抢着说道。

"是这样的吗？"

"是这样的。我们绝对不会哭闹的，厄德曼你说对不对？"巴赫也坚定地说。

"那好吧！你们先回去，随后我会写信通知你们。但是在回去之前，请先试唱一下。"说完，包姆先生在礼拜堂的风琴前弹奏起来，让他们两个试唱。

过了一会儿，傍晚的祈祷钟声响了，修女们陆续地来到了礼拜堂。

"很好，我们就到这里，你们都唱得都很不错。"

"那么，先生，我们及格了吗？"巴赫很迫切地问包姆先生。

　　"我看，今晚你们就睡在这里吧！明天再坐马车回去，我会很快写信通知你们的。现在，让你们听听修女们的合唱吧！"

　　巴赫与厄德曼坐在椅子上静静地聆听着她们优雅动听的合唱。优美的旋律和动听的声音在礼拜堂里挥之不去。巴赫和厄德曼仔细地聆听着，他们都被歌声深深地吸引了。

　　"今天晚上你俩一定要好好休息。"包姆先生叮嘱道，并且还为他们准备了三条很厚的毛毯。

　　夜里的一切都很安静。窗外的星星仿佛紫水晶般闪着光芒，银色的月光穿过窗户射进屋内。因为包姆先生没有告诉他们试唱的结果，所以两个人都难以入眠。

　　"塞巴斯蒂安，你还没睡着呢吧？"厄德曼突然从毛毯中探出头来小声询问。

　　"是啊！你也没睡着呢？"

　　"怎么能睡得着啊？这可是咱们这一生最激动人心的时刻。"

　　"唉，要是没有及格的话，那就太扫兴了！"

　　"我觉得咱们都没问题，我敢确定，咱们一定都会及格的，放心吧！"厄德曼从上铺爬了下来，拍着胸膛向巴赫保证。

　　巴赫听到厄德曼的保证，顿时心情开朗起来。他们聊了一会儿，然后将及格不及格的事情抛在脑后，有些兴奋地叫喊起来。

"我们这样太吵了，如果被包姆先生听到了好像很不好，早点睡吧！"巴赫说。

就这样，两个人安静了下来，很快就睡着了。

天亮后，很多修女把院子中的落叶堆在一起，然后点火焚烧，落叶堆中冒出了很浓的白烟。

"等你们祷告完了，就到我房间来一下。"包姆先生找到巴赫和厄德曼，对他们说。

当他们走进包姆先生的房间时，包姆先生早已坐在桌边等候多时了。

"过来，我们一起吃饭吧。"

巴赫和厄德曼坐下后，包姆先生开始了用餐前的祈祷，他们也跟着包姆先生一起祷告。早餐很丰盛，有蛋和甘蓝菜烹饪出来的主菜，有黑面包，还有马铃薯和羊奶做成的汤。

"塞巴斯蒂安，如果你及格了，你敢在这里单独生活吗？"

"这完全不是问题。"巴赫立刻果断地回答。

"好，那就好。我昨晚经过认真的考虑，决定录取你们两个。"包姆先生很和蔼地看着他们。

"十分感谢您，先生！"巴赫激动得手舞足蹈，手中的刀叉险些掉了下来。厄德曼也特别高兴，他不禁默默祷告，感谢上帝赐给他的好运。

"这样，你们先回家一趟，五天之后再到这里。"

"明天我们就能赶回来。"巴赫高兴地回答。

"别那么着急，你们和亲朋好友道个别之后再过来也不迟。"接着，包姆先生又告诉他们两个许多事情。

巴赫和厄德曼保证，他们之后一定会好好努力："不管之后遇到何种困难，我们都会努力克服，勤加学习的。"

当他们坐上回家的马车时，感觉好像还是在做梦一样，他们真的被包姆先生录取了！激动的心情简直无法用语言来形容。巴赫现在唯一的想法就是能够立刻回到家，告诉哥哥这个最让人激动的好消息。

马车到了一个驿站，一批乘客下车了，随后又上来一批新的乘客。巴赫兴奋得想把这个好消息告诉车里的所有人，好让他们也分享自己的欢乐。

厄德曼在马车的摇晃中渐渐睡着了。巴赫摇醒他，询问他们返回吕内堡的时间。

厄德曼认为明天就可以返回，但是巴赫认为有必要与亲人和同学道别一下。于是两个人决定后天起程。

他们两个实在是太激动了，就连途中那让人沉醉的风景都没有心情去欣赏。马车刚走了一半路程，而他们的心早就飞回家去，与家人分享他们的喜悦了。

勤奋学习

这是巴赫第一次离开亲人，身往外地，到吕内堡求学。虽然有厄德曼的陪伴，但是第一次离开哥哥客居他方，巴赫心中还是充满了对故乡的留恋和对未知世界的忐忑迷茫。

吕内堡这个城市有一大片森林和小山丘，还有十分宁静的、肃穆的教会。

"你们到我房间来一下。"当巴赫和厄德曼正在窗前仰望傍晚天空的瑰丽景色时，包姆先生忽然到房间里来找他们。

"前一阵子，我跟你们讲过小提琴的事情，这种乐器将来必然会成为音乐界不可或缺的乐器。"包姆先生对他们说。

"那么，请问先生，风琴将来会被淘汰吗？"

"我觉得应该不会，可是小提琴是一种十分优秀的乐器，虽然我年纪大了，不能够再尝试新的乐器，可是你们还年轻，学习新的乐器是很容易的事情。"

包姆先生说到这里，闭上眼睛，过了一会儿又继续说道："如今意大利的音乐水平异军突起，已经出现了很多出色的小提琴家，你们两个想不想学小提琴呢？"

巴赫说道："我们这一阵子才慢慢对荷兰、德意志、意大利的乐谱比较熟悉，我还是希望继续学习风琴。"

包姆先生交给巴赫一封信，是巴赫的三哥雅各写来的。信中的大概意思是：

> 你现在是否在很快乐勤奋地学习着音乐呢？我曾经接到克里斯托夫哥哥写来的信，说你在25人的合唱团中十分出色，这让我觉得很高兴，我也一直坚信，在天国的爸爸妈妈知道这个消息之后一定很欣慰。

我在不久的将来可能要去很远的国家，你也明白，我们每个兄弟都必须开辟属于自己的道路才行。如果能够获得很好的待遇，并且学习环境比较好的话，不论多远我都会去的。你们那边现在已经逐渐变冷了，要保重身体，努力用功。我会再写信给你。

巴赫读完这封信后，不禁感动于三哥对自己的关心。不过三哥到底打算去哪个国家呢？巴赫对这个问题也感到有些迷惑。

吕内堡的冬天特别寒冷，雪花从清晨就开始飘落，到了晚上还没有停止的迹象，冷杉上铺满了银白色的雪花，远远望去就像是巨大的白色怪兽。

雪橇是重要的交通工具，它们往来于城市和村落之间，但是在这种大雪不停的日子里，雪橇也没有办法行驶。

巴赫每天下课后就去劈柴，这是他最近例行的工作。

教堂的合唱团一共有 25 个团员，除了巴赫和厄德曼，其他的都是本地的少年，他们每个星期六的傍晚都会回家过周末。留在宿舍里的只有巴赫和厄德曼。他们两个很勤奋，即使是在星期日，也毫不松懈地继续埋头抄写乐谱。

包姆先生对他们循序渐进地进行指导。在他的谆谆教诲下，他们的风琴技巧越来越高超了。

转眼，冬天渐渐远去，盎然的春意又降临大地。

巴赫天天都过着充实而又宁静的生活，他的成绩一直都很出色，每次唱诗班公开表演的时候，巴赫都站在队伍的最前边领唱。

在早春的某一个下午，正在庭院中散步的包姆先生看到了巴赫和厄德曼，他邀请他们在一颗高大榆树下的一排白色长凳上坐了下来。巴赫和厄德曼有些不安，他们以为包姆先生有什么坏消息要宣布。

包姆先生看看他们，和蔼地说："你们都知道，北方有一座城市叫汉堡。那里有一位雷因肯先生，他是德意志十分出色的风琴演奏家。"

"他比先生还要好吗？"

"那当然了，我现在年龄大了，教你们有点力不从心，雷因肯先生比我年轻多了。"

巴赫和厄德曼不知道包姆先生这是什么意思。在他们看来，包姆先生一点也不老。

"我年纪大了，而且能教给你们的东西也不多了。你们可以到汉堡去看看，汉堡离这里有 40 公里，坐马车大概要一天的时间，我会替你们写信给雷因肯先生，请他好好照顾你们。"

"老师！我们不想离开您！"

"孩子们，学习艺术是不断攀登高峰的过程，你们一定要找到能够帮助你们向上的人。其实你们早就学会了我能教你们的一切，所以听我的话，到汉堡去吧。"

这一年暑假，巴赫和厄德曼打算到汉堡欣赏雷因肯先生的风琴演奏。正式放假的前一天晚上，教堂唱诗班的那些同学都陆陆续续地回家了。

天刚有一丝亮光的时候，巴赫和厄德曼就起床准备动身前往汉堡。他们在旅行袋中放了黑面包、牛奶，以及熟蛋、水果等食物，一切准备就绪，他们就去向包姆先生辞行了。

吕内堡到汉堡有40公里，巴赫和厄德曼因为手上的钱很有限，所以选择步行。以他们两个的脚力，最快也要三天之后才能到达。

天很快就亮了。金色的阳光透过树叶间隙照射下来，河川、田园闪耀着多彩的光芒。巴赫和厄德曼心情愉悦的向前赶路。

走到郊外时，他们碰到一位要去牧场割草的农夫，他坐在马车上逍遥自在地哼着歌儿。

"小伙子，你们这是要去哪里？坐到我的马车上来吧！"

"伯伯，您这是要去哪里？"

"我到那边的山脚下，你们呢？"

"我们要赶去汉堡。"

"照你们这样，怕是四天也到不了汉堡，坐马车比较快。"

"可是我们没有钱。"巴赫不好意思地回答。

"没事，上来吧！我送你们一程。"

于是，巴赫和厄德曼坐在马车上，朝着空旷的道路飞奔而去。这一晚他们就住在一个小村庄的教堂里。

第三天傍晚，两个人终于抵达汉堡。这时候，他们的黑面包已经所剩无几了。

这座临海城市的景色和吕内堡截然不同，人群熙熙攘攘地穿梭在街道上，港湾里停泊着好几艘巨船。

"这实在是太壮观了！"厄德曼坐在码头的一块石头上，不禁对眼前的景象发出赞叹。

"我们要更加努力奋斗，将来好坐船到外国去。"巴赫突然想起三哥雅各信上说要出国的事情。

"好！等将来我一定要搭这艘船到意大利和法国看看。"

他们在码头上流连忘返。直到夕阳西下，巴赫和厄德曼好不容易才找到雷因肯先生的教堂。

"你们就是包姆先生的学生啊，快请进来！"雷因肯先生热情地说。

巴赫问道："请问先生的演奏会什么时候举行？"

"我们这里没有什么盛大的演奏会，不过今天晚上会有大合唱，你们可以住下慢慢欣赏。"

雷因肯先生十分亲切地接待他们。黄昏时，礼拜堂点上了很多美丽的灯火。城里的教徒都聚集到礼拜堂来欣赏唱诗班的合唱。

唱诗班有一百多人，他们整齐地排列在圣像前，全体祷告完毕后，就开始了大合唱。雷因肯先生的风琴演奏果然名不虚传。虽然包姆先生的风琴弹奏得也很出色，但是雷因肯先生弹得更铿锵有力。

"为什么他能弹奏出如此美妙的旋律呢？"厄德曼深受

感动地说。

"那是他苦练多年的结果吧！"

"你说我们什么时候才能达到这种境界呢？"

"我相信，我们一定能够做到。"

当他们说话的时候，雷因肯先生来到他们面前。"暑假结束之前，请再过来一次吧。"

"我们一定会再来的，先生，再见。"他们辞别雷因肯先生，第三天早上就踏上归途。那优美的旋律似乎还停留在巴赫的耳边。

厄德曼问道："我们什么时候再来？"

"等我们回去问过包姆先生再决定吧，他一定会允许我们再来的。"

两个人坐在树下休息，一边啃着黑面包，一边吃着雷因肯先生送给他们的杏子。巴赫十分感激会有这么多人给予他关心和爱护。吃完午餐，他们躺在树荫下，不知不觉竟睡着了。

"塞巴斯蒂安，快醒醒！不好了！"厄德曼大声叫醒巴赫。这时候夜色已经开始聚拢起来。

"发生什么了？"

"实在是太过分了！我们的旅行袋竟然被偷了。"

"啊？！"巴赫吓了一跳，马上翻身坐起来。

"该死的小偷，一定是趁我们睡着的时候拿走的。"

"那我们现在怎么办？"

"糟糕！钱和面包都被偷走了！"

他们先在周围的草丛、树木之间找了半天，可惜毫无所获。他们一想到还有两天的旅程，不禁急得像热锅上的蚂蚁一样。

"我们请附近的教会帮助吧，也许他们会让我们住一夜。"

"也只能这样了。我突然觉得肚子很饿。"

"实在是太可恶了！像我们这样穷孩子的东西也偷。"

"嗯，小偷想必是走投无路了，一定是迫不得已的。"

"嗯？听你这么说，怎么感觉小偷好像没有错似的。"

巴赫和厄德曼早已饥肠辘辘，他们一边走一边祈祷上帝能够帮助他们。

这时候，夕阳西下，每家都点起了通明的灯火，食物的香味不断地飘过来。巴赫强忍饥饿，而厄德曼早就饿得发昏，闻到香味，口水都止不住流了出来，他们本来想打听一下教堂到底在哪里，但是路上连个人影都没有。

忽然，一包东西掉在巴赫面前，好像是从高处的窗口被扔下来的，他们上前仔细一看，原来是个鱼头。一定是别人抛弃不要的，巴赫捡起鱼头，对厄德曼说："我们先吃这个吧！"

厄德曼惊诧地瞧着鱼头，考虑了几分钟，然后说："好吧，我们吃吧，不要介意。"

他们先看看周围有没有人影，确定没人之后，才鼓起勇气把鱼头分着吃了。

"你看，快看，他们吃了！吃了！真的有人会吃丢出去的鱼头！"

这时，他们忽然听到头顶上传来一连串的笑声，巴赫愤怒地抬起头来，但是早就不见人影了。

"实在是太不像话了！他是故意把鱼头丢给我们，然后侮辱我们的！"厄德曼说。他从脚边捡起一块小石头，想往刚才发出笑声的那家窗户上狠狠扔过去。

"不能这样，厄德曼！万一砸到别人家的窗户怎么办？算了，反正我们已经填饱肚子了。"巴赫一边用力拉着厄德曼，一边劝他说。

"但是他们如此侮辱我们，我咽不下这口气。"

"我们应该奋发图强，不能因小失大，如果现在为这点小事就跟别人吵架，那不是前功尽弃了吗？"

"嗯！你说得有道理！"听完这些话，厄德曼的情绪才慢慢被压制下来，最后终于把手中的石头扔掉了。

"我们可以询问一下周围的人家教堂的地址。"

于是他们又开始赶路了，可能是因为刚才吃了鱼头，现在他们觉得比之前更饿。两个人缓缓地前行，有气无力地挪动着，这时候天空、月亮和星星都在为他们护航。

收到聘请的通知

在这个暑假，巴赫和厄德曼在汉堡和吕内堡之间往来 5 次。包姆先生渐渐衰老了，巴赫也感觉到了这种衰老，他非常关心包姆先生。

一个炎热的午后，包姆先生叫巴赫到房里，对他说："塞巴斯蒂安，我已经老了，你再也不能从我这里学到什么了。"

"老师，您不要这么说，我要学习的东西还很多，请老师允许我待在您身边。"

"你已经长大了，声音也有了变化，不能永远在这里当唱诗班的团员。你已经抄写了不少出色作曲家的乐谱吧？"

"是的，老师，我已经全部抄完了。"

"嗯，我觉得你的才能在作曲方面，所以我希望你下定决心到汉堡雷因肯先生那里，去接受他的教育。塞巴斯蒂安，我不是要赶你走，而是为你的将来着想，这也许是上帝的指引，要你到更广阔的世界去，如果你能成为雷因肯先生的学生，那也是我的荣幸，下次听雷因肯先生演奏的时候，你要好好考虑这件事。一个人年轻时必须力争上游，勤奋耕耘，将来才会崭露头角。这个道理你懂吗？"

巴赫在唱诗班团员中已经属于前辈了，而且教堂图书室中的乐谱、一些名作曲家的乐谱，他绝大部分都已经抄完。

这时，小提琴已经传入了吕内堡，巴赫虽然也在学习小提琴，但他对风琴还是具有浓厚的兴趣。

巴赫趁着暑假还没有结束，再次步行到汉堡，因为厄德曼还没有到变声期，所以这次只有巴赫一个人动身前往。他只带了一些零用钱，可惜途中很难买到东西充饥，他只能摘取野草莓或者喝泉水。经过一番辛苦，巴赫终于抵达汉堡。

"真是辛苦你了。"雷因肯先生一如既往地热情和蔼,"包姆先生的身体还好吗?"

巴赫说道:"还好,只不过前几天风湿病又发作了,现在正在休养。"

"真是让人担心啊!"

"但是他每天都在弹奏风琴。"

"包姆先生还是那么勤奋。"

晚上,巴赫把带来的乐谱给雷因肯先生看。

"这是你自己作的曲子吗?实在是太好了!什么时候作的?"

"上次听完先生的演奏,突然有一种作曲的冲动,这首曲子就是那个时候完成的。"巴赫红着脸说。

雷因肯先生凝视着五线谱,轻声地哼着,一页翻过一页,到最后一页的时候,雷因肯先生眼中散发出耀眼的光芒,他深深地注视着巴赫,突然从椅子上站起来,大步走近巴赫。

"实在是太完美了!曲名定为《巴比伦河畔》也很不错,你不亚于别的作曲家,一定要好好努力!"雷因肯先生的话出乎巴赫的意料,他目瞪口呆地傻在那里。

雷因肯先生立刻去礼拜堂弹奏这首曲子,巴赫听到那美妙的琴声,几乎不能相信那是自己的作品。

这时的巴赫已经下定决心到汉堡,拜雷因肯先生为师,但因为没有办法缴付学费,所以他不知道雷因肯是否会收他为徒。

巴赫走到曾经捡鱼头的地方时，不经意地抬头看着那个窗户。这时，窗户突然打开，一包白色的东西丢了下来。他觉得十分奇怪，满心狐疑地看着脚旁的小纸包。

"这是什么东西呢？"巴赫又抬头看了看窗口，可是已经不见人影了。他打开小纸包，惊讶得差点叫出来。

原来，里面放着闪着金光的两枚丹麦金币，并且有张纸条，上面有一句话："神指明我送你这两枚金币，希望你继续加油。"

巴赫觉得这实在是不可思议，他再次仰望那个丢下金币的窗口，但还是没有动静，他决定去拜访丢金币的人。于是，巴赫走进这栋房子，他确定金币是从三楼扔下来的，所以就直接去敲三楼的门。

"您好！打扰您了！"

"请问你是？"开门的是个一头白发的老妇人。

"我刚才在您家的窗户下捡到金币。"

"金币？"

"是的。"

巴赫把刚才捡到金币的事情告诉老妇人，同时也透露了自己的身份。

"这不是我丢下去的，我觉得这是神赐给你的，你就收着吧！"

"但是，我认为这样不对。"

"现在别管这些了，我相信你一定很累了，进来休息一下吧。"老妇人请他进了房间。

"我们正打算吃晚饭呢,你和我的孩子一起来吃吧!"老妇人说着拿了一把椅子让他坐下。

"我今天晚上打算到城里的教堂借宿一夜。"

"等吃完饭再去也不迟。孩子们,吃饭了。"老妇人招呼她的孩子们,不一会儿,面向着窗户的房间跑出了一群和他同龄的男孩和女孩。

"让我给你们介绍,他是音乐家包姆先生——就是那位风琴弹奏得很精彩的先生的学生塞巴斯蒂安·巴赫,他现在正在从汉堡步行回吕内堡的途中。"老妇人向大家热情地介绍。

用过十分美味的晚餐之后,他们又聊了很久,巴赫才兴高采烈地告辞。

等他回到包姆先生的教堂时,一个天大的好消息正在等着他。魏玛领主的弟弟约翰·恩斯特伯爵希望聘请巴赫去做他们官邸的乐师。

"塞巴斯蒂安,真心地祝福你。"包姆先生很高兴巴赫可以开始崭新的生活。

巴赫还十分意外地拿到了两个金币作为到魏玛去的旅费。他不得不与好朋友厄德曼依依不舍地分别,这让巴赫有些伤感,但是一想到之后能发挥所长,他又不禁兴奋起来。

与哥哥再会

魏玛有很多官邸雇用的乐团，所以音乐氛围十分浓厚。在这里不仅可以听到德意志的乐曲，法国的舞曲也到处可以听见，乐团本身还有很多派别。

巴赫这个 19 岁的青年演奏家加入恩斯特伯爵的乐团，担任小提琴手。

"您好！我叫艾福乐，是乐团的团长兼指挥。"将近 40 岁的团长进行着自我介绍，然后热诚地握住巴赫的手说，"恩斯特伯爵对你十分欣赏，我们早就听过你的大名。"艾福乐挪出一个位子，让巴赫坐下。乐团共有 40 名团员，音乐造诣深厚的伯爵十分优待他们。

"这位是巴赫先生，这位是小提琴手维斯多·哈佛。"艾福乐把巴赫介绍给其他的乐团成员。

"巴赫家又出了一位后起新秀。"维斯多·哈佛笑着对巴赫说。

巴赫再次感受到了巴赫家族在音乐界受到的关注，想到这里，他突然感觉有些紧张。

这天晚上，巴赫演奏了那首受到雷因肯先生夸赞的《巴比伦河畔》。恩斯特伯爵与乐团的所有团员都仔细聆听着他的演奏。

　　"为巴赫家的奇才祷告吧！"当演奏结束时，恩斯特伯爵起身走近巴赫，向他伸出手，刹那间响起了雷鸣般的掌声。巴赫十分高兴，频频地向大家答礼。

　　抵达魏玛的第一天就赢得了大家的尊敬和赞美，从这天晚上开始，巴赫光明灿烂的前程在他面前展开了。他心想，能够到这里来，比去汉堡做雷因肯先生的学生要好得多。

　　"你的曲子真的是太优美了，我可以深深感受到你的信仰是多么虔诚。"巴赫脑中不断地涌现出恩斯特伯爵对自己的赞美。

　　遗憾的是双亲已经不在人世，假如他们还活着，看到巴赫今晚的成就，不知道会有多高兴呢！想到这一点，巴赫不禁热泪盈眶。

　　乐团每天都在勤奋地练习着，恩斯特伯爵处理完政务后一定会来看团员们练习，每次练习结束之后，伯爵也会和团员们一起喝茶聊天。

　　有一天，练习结束之后，当团员们各自回到自己席位上休息时，恩斯特伯爵出现了。

　　"请大家到餐厅去用晚餐吧。"这时候一个仆役过来禀报说，"约翰·塞巴斯蒂安·巴赫先生，您的哥哥雅各先生来找您。"

"哦！真的是我的哥哥吗？"

"对，他在客厅等候您。"

"他自己来的吗？"

"是的，请随我来。"

巴赫急忙跟着仆役走进客厅，果然是三哥雅各。

"塞巴斯蒂安。"雅各从椅子上站起来朝巴赫跑过来。

"哥哥！"巴赫没来得及问哥哥因为何事而来，兄弟俩就在客厅中相拥而泣。

"看来你真的长大了，近来可好？你寄来的信我都收到了。"

"哥哥，自从我接到你的信之后一直都很用心地在学习。"

"大哥要是知道你成了乐团的团员，他一定也会很高兴。"雅各重新坐到椅子上，打量已经长大成人的弟弟。

与弟弟分开这么多年，雅各现在也成了一位足以独当一面的双簧管演奏家。这时候仆役又来了，他说："恩斯特伯爵在餐厅等候您和您的客人。"

被他这么一说，巴赫才想起忘了问哥哥到底有什么事。

"哥哥，你这次是为了什么而来呢？"

"塞巴斯蒂安，我今天是来向你辞行的。"

"你要去哪里？"

"之前我曾经写信告诉过你，我要到别的国家去，这次我决定加入瑞典宫廷音乐团，负责演奏双簧管。"雅各说话的时候掩饰不住内心的兴奋，双眼炯炯发光。

巴赫一边带领着哥哥朝通往餐厅的长廊上走，一边对哥哥说："真是恭喜哥哥了，什么时候出发？"

"我马上就要动身前往汉堡，打算从那边搭船。我出国之前一定要见你一面，所以才跑到这里来找你。"

"实在是太好了，今天晚上你就睡在我的床上，我会向团长禀报的，请他允许你住在这里。"

巴赫和雅各走到餐厅，晚餐已经开始，看到他俩到来，大家纷纷放下刀叉，转头望着兄弟俩。

"巴赫先生，请介绍一下你的哥哥吧。"恩斯特伯爵对巴赫说。

巴赫简短介绍了一下哥哥，同时说明了他的哥哥马上要前往瑞典加入宫廷音乐团的事。

"瑞典音乐界有您的加入，肯定会更加有生气。"

"祝您一帆风顺。"团员们都诚挚地予以祝福。

恩斯特伯爵也站起来祝贺说："巴赫家族这棵参天大树越发苗壮美丽了，今晚我们这顿晚餐就当是为雅各践行吧！"接着，维斯多·哈佛和艾福乐分别演奏了小提琴和风琴。

晚餐结束之后，巴赫和雅各回到房内，两人一直聊到夜深人静，巴赫让哥哥先去睡觉，自己仍坐在桌前作曲。

"塞巴斯蒂安，赶快睡觉吧！"雅各催促他。

"等一下，马上就完成了。"

"明天可以再继续啊。"

"那可不行，这首曲子是要送给你的。"

一直到天快亮的时候，巴赫才完成一首新的曲子。雅各起床之后，巴赫立刻在客厅弹奏这首新曲，悠扬的风琴声在愉悦中透着一些哀伤，回荡在静谧柔和的清晨里。

五线谱上题着一行字："给亲爱的哥哥雅各"。

"塞巴斯蒂安，真是很感谢你。"

"哥哥，你一定能够谱出永垂不朽的乐章。恩斯特伯爵让我用马车送你到汉堡去。"

"不用了，用不着这么麻烦，瑞典付给我的旅费已经足够了。"

"这是伯爵的好意，你就接受了吧！"

"那……实在是太感谢了。"

恩斯特伯爵的马车实在是非同凡响，和一般的马车相比不但十分华丽，连车夫也有两个，车内的坐垫也很柔软舒适，这让他们几乎都忘却了疲劳。

"哥哥，请你一定要经常给我写信。"

"嗯，你也要好好保重。"

当雅各的船快要离港的时候，他们兄弟俩紧紧地握着彼此的双手。起航的铜锣声十分刺耳，回响在蓝蓝的海上。船逐渐离开了港口，巴赫一直目送着逐渐远去的船只。

"很久没见面的兄弟匆匆相聚了一个晚上又要各奔东西，难道人生总是聚少离多吗？"巴赫看着冲到码头上的一波波海浪，心中惆怅地感慨着。

之前他一心一意地拼命冲破一道道难关，不断地在人生的旅途中奋发图强，而现在他第一次从心底产生了一个疑问：人生到底是什么呢？

哥哥所乘坐的船已经消失在了水平线的那边。

"我们现在回去吗？"车夫早已经站在身后等候着巴赫。

"实在是对不起，我竟然忘记了你在等我，现在就回去吧。"巴赫悄悄地拿出手帕擦掉眼泪。

爱情与事业双丰收

爱情的火花

在魏玛生活的这段时间，巴赫每天都特别忙碌，最让他感动的是恩斯特伯爵对于他们这些音乐家的无条件援助，而且伯爵对他们的小事从来都不干涉。

这段时间巴赫接触了许多西欧、南欧的音乐家，所以对每个乐派潮流的趋向都了解得一清二楚。

30 年的战争让许多地方伤痕累累，现在这些伤痕逐渐痊愈，城市和文化慢慢地复兴起来了。

舒茨是著名的德意志作曲家，他计划把意大利音乐德意志化。巴赫对这股新潮流表现得十分热心。法国一些作曲家创作的歌剧也让他十分有兴趣。

1703 年 8 月 14 日，恩斯特伯爵派人来请巴赫，他怀着好奇心跟着仆人抵达伯爵的府邸。

"打扰了你的练习，十分抱歉。"恩斯特伯爵边说边替他倒了一杯茶。

"没事的，我正在看乐谱。"

"其实，我有件事想要拜托你。"恩斯特伯爵露出跟平时不一样的神色。

"什么事情我都乐意效劳。"

"我现在最担心的是你不会答应，最近这阵子我已和团长商量过了……"

"没事的，您放心说吧。"

恩斯特伯爵双手交叉在胸前，沉思良久，却仍然是沉默不语。从很远的房间里传来悠扬的小提琴声，庭院中的树木投下斑驳的影子，炎热的夏天正在渐渐远离，树林那边飘来清脆悦耳的鸟语和山羊的叫声，艳丽的阳光照耀在草原上。

过了很久，恩斯特伯爵才忽然跟巴赫说："我记得你曾经提到过阿恩施塔特这个城市。"

"是，那里曾经也住着巴赫家族的一些人，我记得有一次巴赫家族的音乐会就是在那里举行的。"

"这样啊！阿恩施塔特有一座教堂，但是在长达30年的战争中被烧毁，不过现在又重建起来了。"恩斯特伯爵说到这里，暂时打住了话题打住。

"我懂了，您是想让我去那里，对吗？"

"嗯，是的。"

"好的，我答应，听说那座教堂最近购买了一架最新式的风琴。"

"既然你已经了解得这么详细，那我就不用再多费唇舌了。"

"但是，很遗憾的是我到现在还没有报答您对我的厚爱。"

巴赫深深地低首致歉。

阿恩施塔特离这里只有 10 公里左右，即便是傍晚出发，最迟晚上也一定能够到达。那架最新式的风琴对巴赫来说，有着巨大的吸引力，这是巴赫一口答应下来的主要原因。

在恩斯特伯爵这里，虽然巴赫每天都过着优越的音乐生活，但是那架最新型的风琴却比这种生活更具有吸引力。

两三天之后，巴赫向乐团的团员们辞别，动身前往阿恩施塔特。他的工作是，在星期一、星期四以及星期日的弥撒中，担任风琴弹奏者。

从这之后，巴赫学习音乐的时间更加充裕了，这架风琴比他想象得更加美好。有一天，他在教堂的布告栏里贴了一张布告：

> 教会准备组建一个业余合唱团，不论男女老少，
> 欢迎大家踊跃报名参加。

三天后的傍晚，巴赫正坐在窗户边，欣赏刚从意大利送来的乐谱。这时候有位仆役走了进来，向他禀报道："巴赫先生，有一位客人要拜访您。"

"嗯，是谁呢？"

"她说是为了合唱团的事情。"

"那就请她进来吧！"

过了一会儿，一个满头金发、眼睛如湖水般清澈的美丽

少女出现在巴赫面前。

"塞巴斯蒂安，是我啊！"

"请问您是……"

巴赫看着眼前这位动人的少女，却一点也想不起来在哪里见过她。

"难道你忘记我了？"

"对不起，我一时想不起来我们在哪里见过面……"

"我是玛利亚·芭芭拉·巴赫，是你的表妹呀！"

"哦！原来你就是玛利亚表妹啊！我现在终于想起来了，你们大家都还好吗？"

巴赫当初决定到阿恩施塔特来，也是因为这个城市住有他们巴赫家族的远亲，现在他的远亲——这位亭亭玉立的少女就站在他面前，他却相见不相识。

"我常常听到你的消息。几天之前神父告诉我，你要到我们这里来，我们很早就一直在期待着呢。"玛利亚打量巴赫的目光中充满了怀念。

玛利亚年幼的时候，曾跟父母拜访过巴赫的双亲，她早就知道巴赫的名字，现在玛利亚终于见到这位大名鼎鼎的巴赫表哥了。

"你看，能不能让我加入你的合唱团？"

"我贴出的布告上说，业余的也可以参加，所以你当然可以。"

"你的意思是说我不行？"

"啊，没，我没有这个意思。"

"实在是太好了，那我明天就过来练习。对了，我还有5个朋友也很想来参加，我可以带他们过来吗？"

"当然可以了。"

"你没事的时候到我家来玩，我父母也很想见见你呢。"

"行，过几天有空的时候我会到你家拜访，请代我向你父母问好。"

玛利亚眼中含着笑意，高兴地伸出右手来与巴赫道别，巴赫也不知不觉紧紧地握着她的纤纤玉手。

"那么……再见了!"玛利亚的身影穿过百花齐放的庭院，洁白色的裙子随风飞舞。

巴赫好像一个历经长途跋涉的行人在黑夜中突然看到灯火，他心中顿时溢满了温暖和安慰。这灯火就是玛利亚。"或许，我之前经历的那些苦痛就是为了今天与玛利亚的邂逅。"巴赫听到了自己的心狂跳的声音，不禁兴奋地想道。

教会的突变

告示贴出去之后，想要加入合唱团的人们几乎把礼拜堂挤得水泄不通，教会最后决定选出 30 人，男女各半，当然，玛利亚也是其中之一。

合唱团的成立给巴赫带来了难以言表的欢乐，他终于能通过这个合唱团实现自己的理想了。

当合唱练习结束后，年轻团员们都一个个站在门口和巴赫道别。送走团员们之后，巴赫突然意识到他没有见到玛利亚出来。巴赫返回礼拜堂，他看到玛利亚在那儿翻看乐谱。

"玛利亚，你怎么还没有回去？"

"其实我想和您单独聊聊。"玛利亚羞答答地说。

"好的，那请到我房间来吧！"

"那会不会打扰到您？"玛利亚高兴得眼中闪耀着光芒。

两个人在巴赫房中聊到日落西山。

"之前我就有预感，感觉你一定会到这个合唱团来。"

"是吗？我也有同感。"

巴赫的心中充满了无限的幸福。他坐在玛利亚身边，聆听她那悦耳的、银铃般的声音，忽然觉得过去那段痛苦艰难的人生旅途，现在终于都得到了补偿。

"我渴望着将整个生命都奉献给风琴，过去那些学习只是一些准备工作，现在我打算到吕贝克去看看。"

"为什么呢？你才到这里不久！"玛利亚的神色忽然十分焦急，她的眼睛也暗淡下来。

巴赫雕像

"我并没有说要离开这里，只是想跟布克斯特胡德先生学习弹奏风琴的技巧而已。"

"但是你已经很有名气了，不是吗？"

"哪里啊，我还差得太远！现在只不过是一只刚学会飞翔的雏鸟罢了。"

巴赫平时在教会工作，每到休假时就到之前的魏玛官邸表演小歌剧，生活十分繁忙，但他仍然抽空做了好几首风琴曲。教会的这架风琴确实十分精妙，巴赫几乎夜以继日地陶醉在作曲工作中。

巴赫认为目前最迫切的一件事是进一步研究风琴弹奏的技巧，关于这方面他必须请教现在独领风骚的风琴演奏家布克斯特胡德先生，布克斯特胡德先生的家在吕贝克，距离巴赫所在的阿恩施塔特大约 300 公里，走路前往需要大概两个星期。

巴赫指定合唱团中一位出色的青年代为主持他现在的工作。在初秋时分，一切都准备就绪的情况下，巴赫动身前往吕贝克。他只向教会请了一个月的假，因此他最多只能在吕贝克待上三四天。

巴赫早已习惯了走路。第一天，他沿途一路步行，饿了就啃面包、喝羊奶，到达小村落歇脚的时候，已经走了 45 公里。出发后的第 12 天，巴赫到达了吕贝克。布克斯特胡德先生很热情地接待了他，并邀请他住在家中。

这期间，布克斯特胡德先生有一场合唱表演，在他的指挥下，悠扬的风琴声响彻教堂内外，两百多人的大合唱团却好像个人独唱一样和谐。

在欣赏表演的过程中，巴赫对风琴变奏法加以特别注意。他之前疑问重重的地方，现在终于迎刃而解了。

几天后，巴赫接到阿恩施塔特教会催促他回去的信，但他决定再在吕贝克停留一段时间。

有一天，玛利亚寄来一封信，信上说：

> 今天，庭院里没有一片落叶，严冬已经降临，因为你没有在圣诞节前赶回来，神父们都十分生气。我多么盼望你能早日归来，弹奏风琴，指挥合唱团，我一直在期盼你归来。可是我的盼望一次又一次地落空，也许你永远不会再回到这个城市了！想到这里，我觉得心如刀绞。还有一件事情，请你千万别生气。有人把我们的事毫无根据地大肆渲染。不过请你放心，无论发生什么事我都不害怕。盼望你能早日归来。

那些人到底怎样渲染巴赫和玛利亚的事情呢？

"玛利亚受到了我的连累。"想到这一点，巴赫按捺不住焦急的心情，匆匆忙忙地赶回阿恩施塔特。

可能是他在别的地方停留太久的原因，当他回到教会的时候，迎接巴赫的竟是神父冷冰冰的面孔，教会里的气氛也十分不寻常。

刚刚吃完饭，神父们就陆陆续续地将巴赫围住了。

"巴赫先生，听说你要到吕贝克去？"一位神父很冷淡地问他。听到这句话，巴赫明白他们是打算将他赶出教会。

"完全没有的事情！"

"是吗？但是这个消息已经传遍了整个城市。"

"那也许是有人造的谣言吧！"巴赫毫不示弱，据理力争。

"实在是高明！你倒是比我们还会开玩笑呢。"神父们确实想借这件事赶走巴赫，但是他们并不能将这种想法明确地表示出来，所以他们开着玩笑，说些缓和气氛的话，不过他们绝不会如此简单地善罢甘休。过了一会儿，他们又说道，"巴赫先生，请你谨言慎行，要不然的话我们实在很伤脑筋。"这些人简直是故意为难巴赫。

"那你们到底是什么意思？"巴赫十分不喜欢这种伪善的做法，这些神父也让巴赫讨厌，他们经常小题大做，然后借着神的名义达到自己的目的。

"我们的意思是，常常有一位陌生的少女跑到先生的房间里。"

"你们到底想说什么？"

"对了，那个少女叫玛利亚……"

"她是我表妹！"

"她是你的亲戚，但是我们希望你能够像对待其他合唱团员一样地对待她，不然城中的风言风语实在太多了。"

巴赫终于了解玛利亚信中的意思了。他觉得，如果继续跟这些固执的人争辩下去，不但有理讲不清，甚至连自己的音乐前途也会毁在他们手中。

"我和玛利亚本来就是亲戚，如果连自己的表妹都不能谈话，那我只能辞职了。"他以十分严肃的态度回答。

这时候，神父们忽然换了一副面孔说道："话不是这么说，我们是看先生还年轻，前途无量，所以才好心劝慰你。"

"不，我一定要辞职。"

"我们没有打算让你辞职。"一位长老接着说："至于玛利亚小姐，我们就谈到这里，我们知道她是你的亲戚，但是如今最关键的问题是，先生在合唱中改变了风琴的变奏法，这是违反传统演奏法的，这不符合教会的音乐规则。"

巴赫感到很意外，他辩解说："这是一种最新的弹奏法。"

"神所规定的弹奏法不是你这种年轻人能随意改变的！"

"这是创作的成果，我觉得这不是什么改变，而是一种理所当然，如果你们非要我改，那我只好辞职了。"巴赫觉得没有必要跟这些人再争执下去，再多的争辩也于事无补。他现在最想做的是去见玛利亚一面，然后好好谈谈他们的将来。

重大的决定

夜幕降临的时候，巴赫好像听到了轻微的敲门声，他轻轻地开门一看，站在门口的竟然是玛利亚。

"我现在知道了一切。"巴赫边说，边把愁容满面的玛利亚带到了房里。

"我现在已经决定要离开这个教会，他们不仅不喜欢我的风琴变奏法，还不允许我跟你聊天。如果是这样的话，我继续留在这里实在没什么意思。"

烛光开始闪烁，玛利亚此时显得更加美丽，她将双手放在双膝上。"你的意思是要离开我了？"一滴滴滚烫的泪水顺着玛利亚脸颊不断滑落。

对玛利亚来说，巴赫的离开就像是遮住阳光的阴霾一样让她无法忍受。

"如果教会一直有这样顽固的神父在，那我实在没有留下的理由；如果教会的合唱一直采用之前的风琴奏法，那将永远都不会进步。"巴赫愤愤不平地说。

"好不容易才把你盼回来，可是你……"

"这也是迫不得已。"

玛利亚的眼中蓄满泪水，她说："如果你离我而去，这里一定又会传出更多的风言风语。"玛利亚此刻真想鼓足勇气告诉巴赫自己的心意，但是她下了几次决心都难以开口。她哽咽地说，"以后，我又会变成孤零零的一个人了。"

"怎么会呢？"

"难道不是吗？你要是离开这个教会……"玛利亚的泪珠不断滴落在膝上。

"即使我离开这个教会也不至于走投无路，上帝一定会帮助我的，之前我如此深信，以后也一样。"巴赫的语气十分坚定。

玛利亚听到这里，一阵阵的心酸再次涌上心头。

"玛利亚，过几天我会到你家里拜访你的父母。"

"是吗？"玛利亚抬起头问。

"当然是真的。"巴赫好像做了一个重大的决定。玛利亚感动得热泪盈眶，泪眼婆娑地望着巴赫。

"玛利亚，你知道我去拜访你父母的目的吗？"

"不知道……"

"真的不知道吗？"

玛利亚想了半天，才略带羞赧地轻轻点头。

"那，你会不会答应我的请求呢？"巴赫鼓足勇气试探她的心意。

"那……你是真心的吗？"

"玛利亚，请你相信我，当我第一次见到你的时候，我就明白这是神的旨意。"巴赫用强劲有力的声音说着，然后紧紧握住因激动而微微颤抖的玛利亚的双手。

"那你离开这里之后打算去哪里呢？我会一直等你回来。"

"我是为了研究新的演奏法才到吕贝克去的，我原本以为这也许会对教会的发展有所帮助，但是没想到会是这样不愉快的结局。"

"这可能是因为我经常去找你。"玛利亚向巴赫致歉。

"绝对不是这个原因，那些神父本来就食古不化。"巴赫决定要和玛利亚结婚，忽然之间他仿佛看到了一望无垠的旷野以及远方起伏的山峦，呈现在他面前的是一片美景。"但是之后我仍然是一贫如洗。"

"这有什么关系呢？我一点都不介意。"玛利亚的声音充满喜悦。

"我希望一直走音乐这条道路，并且愿意将自己的生命都奉献给音乐，你是否愿意同我一起走这条路呢？"

"不论前方多么崎岖坎坷，我会一直陪着你的。"玛利亚喜极而泣。

"我相信你！现在你先回去吧，我一会儿去向教会辞职。"

"需要这么着急吗？"玛利亚恨不得巴赫能在这个城市多住几天。她想，巴赫现在也许要赶到别处去找工作，将来他的生活是否会有什么困难呢？如果真是这样，会不会影响到他们之间的婚事呢？

"我一定会让你父母同意我们的婚事，请你一定要等我回来。"巴赫送玛利亚到门口，再度坚定而充满自信地向她保证他们之间的未来。

听到巴赫这句话，玛利亚悬在半空中的一颗心才慢慢地放了下来，她突然觉到巴赫可能已经找到了工作。

向教会提出辞呈的巴赫没有告诉任何人，就一声不响地动身前往阿恩施塔特以北30公里的穆尔豪森，那里的圣布拉修斯教会正在寻找风琴演奏者。

12 月 2 日，巴赫在众多的竞争者中脱颖而出，成功地得到了这份工作。当他的生活日渐稳定之后，他立刻决定与玛利亚结婚。

教会给巴赫的年薪特别少，但是另外有小麦、薪柴等补给，并且分给他一块田地用来种些粮食蔬菜。凭着自己顽强的毅力，巴赫在自己的人生道路上已经迈出了第一步。

此刻巴赫怀着激动和期待的心情离开了穆尔豪森，他现在真希望能马上飞到玛利亚身边，告诉她这个好消息。

巴赫愉悦地坐在马车里，外边雪花已经飘起来了，他把外套裹紧，眼中尽是期盼，他在想象着回到玛利亚身旁会是什么情景。此时已经 22 岁的巴赫，不管前途怎么艰险，他都能披荆斩棘冲破逆境。现在的巴赫已经是一个勇气十足的青年了。

面对困难

1707 年秋天，担任圣布拉修斯教会音乐长、被人们誉为"天才"的约翰·塞巴斯蒂安·巴赫在星期日与节日负责弹奏风琴，平时则担任合唱团和管弦乐团的指挥工作，每天十分忙碌，但是精神很愉快。他的助手从心底里尊崇巴赫。

在阿恩施塔特的玛利亚寄来了一封信，信上说：

现在已经是深秋了，可是天气却十分晴朗，这似乎是在祝福我们。今天早上有很多亲朋好友带来了礼物祝贺我们新婚。但是我的巴赫还没有见到踪影，父母笑着说：结婚那天巴赫真的会出现吗？这也难怪，因为之前你寄来的信上说冬天一定会回来，但是没有指明到底是哪一天，难怪他们会这么怀疑。

你寄来的新曲我已经试着弹过了，我觉得这是一首十分静谧、很有深度的曲子。到婚礼还有 10 天，如果你没有赶回来，我该怎么办呢……

巴赫读完玛利亚的信不禁笑出声来。"假如结婚那天，我不出现的话，会变成什么样呢？"忽然有个很淘气的念头闪过巴赫的脑海，他想捉弄他们一下，他很想看看他们惊慌失措的表情，那一定十分有趣。于是他马上给玛丽亚回信说：

我亲爱的玛利亚，请你原谅我。如果我无法赶上结婚典礼，那并不是因为我对你的爱情发生了变化，你不知道我此刻有多忙，不仅要为合唱团和管弦乐团准备新曲，还要改良这个教会的风琴演奏方法，还得练习新曲。玛利亚，你心爱的巴赫为了恪尽职守，一分一秒都不曾停歇。

距离结婚只有三天的时候，神父对巴赫说："麻烦到我房里来一下。"巴赫敲开了房门，他以为神父可能是要送他结婚礼物。

神父倒了一杯茶给巴赫，然后说出了让他做梦也没有想到的事情。"我知道你大喜的日子快要到来，所以我也很不愿意跟你说这件事……"神父十分愧疚地凝视着巴赫的脸庞。

"没关系，请您尽管说。"

"事情是这样的，因为你随意改变风琴的演奏方法，这让很多信徒有些不满，巴赫先生，你为何非要改变风琴的演奏方法呢？"对巴赫来说，这犹如晴天霹雳。之前在阿恩施塔特的情景他还没有忘记，圣布拉修斯的这些人原来也不能接受他改变风琴演奏方法的作风。

巴赫除了为教会写了一些曲子外，还写了好几首适合合唱的新曲，可是这些风格新颖的曲子让神父感到很不高兴。巴赫将心中的愿望委婉地告诉神父，他说："我希望除了教会礼拜堂所唱的赞美诗之外，还能再写一些适合学校、家庭唱的曲子。"

"虽然你说得很有道理，但是巴赫先生，你必须遵守神的旨意和教会的规定！"神父的情绪越来越激动，声音也越来越高昂，他愤怒的身体开始颤抖，最后一句话竟然是一边用力拍打桌子一边吼出来的。

巴赫心想，对这位顽固的神父也不用再多费唇舌了，可是现在距婚礼只有三天，怎么办呢？好不容易安定下来，正要开始新的生活，没想到却发生了这种变化。对巴赫来说，这的确是个沉重的打击，这天晚上他再度去见神父的时候，做出了一个重大的决定。

"请你让我辞职吧！因为我是路德派的教徒，所以必然会被这个教会的一些保守派人士攻击。如果我继续待在这里，一定会引起更大的风浪。"

神父听了巴赫这一番话，似乎感到很惊讶。

"三天之后就是我大喜的日子，反正我无论如何都是要回阿恩施塔特的。"

"那你的意思是你要辞职不干了？"

"这倒不是，只是我觉得结婚后回到这里，如果再惹出什么麻烦的话，那还不如现在就辞职。"

神父听巴赫这么说，就阴阳怪气地说："像你这样能任意改变教会风琴演奏法及曲子的天才，想找一份工作是再简单不过了的事……"

"好！我明天就把行李整理好。"

"哈哈……去吧，天才，新娘子一定等你等得着急了。"听到神父的冷笑声，巴赫简直气得火冒三丈。

当巴赫回到房间，他发现身边的钱财虽然不多，但即便是和玛利亚一起生活，也还够维持三个月的，在此期间必须找到另一份工作。

"谢谢你们，请继续留在教会为人们祈福吧。"巴赫依依不舍地紧紧握住两位助理的手。

"我们也想离开这里。"两人异口同声地说，但是现在巴赫自身难保，实在无法顾及他们，所以他委婉说明离开的原因，十分耐心地劝他们留下。

在阿恩施塔特，玛利亚一家人正忙着筹备婚礼，玛利亚反复地在大镜子前端详自己。明天就要迈入人生的另一阶段了。

"塞巴斯蒂安能不能赶回来呢？"玛利亚的父亲开玩笑地说。

每次有马车从外头的街道经过，玛利亚就匆匆忙忙地探头去看，但是每次她都很失望，明天就要举行婚礼了，巴赫却仍然不见踪影。

"把自己的女儿嫁给音乐家就是这样，也许明天他会带着管弦乐团来呢。"父亲宽慰着玛利亚。这时玛利亚快按捺不住了，她心想：如果今晚巴赫还没有赶来，这不就是个没有新郎的婚礼了吗？

夜色变得深沉了，来帮忙的人也都陆续走了。这时候，忽然有一辆马车由远而近，停在了玛利亚家门口。

"也许是塞巴斯蒂安。"玛利亚的父亲笑着走出去，没想到来的真的是巴赫。玛利亚全家人都兴奋不已，急忙将巴赫迎入屋内。他提着两个大行李箱走进房间。

"现在我全部的财产都在这里了，对了，还有我这个人。"他一边说，一边拍着胸膛，大伙儿哄堂大笑。后来，巴赫就像什么事也没有发生似的，说："我现在已经辞去了教会那边的工作。"

大家都很惊讶。"这到底是为什么？"

巴赫只是笑而不语。玛利亚很早就盼望着和巴赫双双定居于穆尔豪森，她不但对朋友们这么说，自己更是盼望那甜蜜幸福的日子快些到来，现在巴赫这一句话无情地敲碎了她的美梦，她不禁开始怀疑巴赫的心意了。

"塞巴斯蒂安，你不该开这种玩笑。"玛利亚不禁埋怨巴赫，但是巴赫严肃地答道，"我当然是说真的，不然我怎么会卷铺盖回来呢？"

大家听完这句话，更是爆出了一阵笑声，他们还以为巴赫是在开玩笑。巴赫心中很沮丧，自己今天失业了，明天却是一生中最重要的日子，这真的人生的两个极端。但是，他始终觉得自己的决定是对的。巴赫坚定了自己的抱负，朝着他的音乐旅途奋勇前进。

事业的起步

婚礼结束之后，巴赫彻头彻尾变成了玛利亚家的食客，同时他也向各地寄出求职信。

有一天，巴赫在做一首意大利乐曲的时候，玛利亚拿了一封信进来。

"这是谁的信？"

"车夫说是魏玛公爵。"

"魏玛公爵？我并没寄信给他……"巴赫抑制住自己内

心的喜悦，马上撕开封口，抽出信纸一看，果然是魏玛公爵
写来的。信中说：

亲爱的塞巴斯蒂安·巴赫先生：

诚挚地祝福你和玛利亚永浴爱河！愿神永远赐福
于你！

我听说，你现在住在新娘家中，而且没有固定的
工作。我最崇敬的巴赫先生，假如你愿意接受我诚挚
的邀请到魏玛来，我将聘请你担任有22位团员的室
内乐团的指挥，并且负责弹奏风琴，还可以保证你一
家人过着充裕的生活。因为你曾在此地有过优越的表
现，我才有勇气写这封信，并且真诚地盼望你能接受
我的邀请。

巴赫看完信后脸上笑开了花。妻子玛利亚一边询问巴赫，
一边凑近，想看看信的内容。

"玛利亚，魏玛公爵要聘请我去他那儿工作，我们赶紧
准备出发吧！"

"看你心急的，你还没回信给魏玛公爵呢。"玛利亚看完
信后也十分兴奋。

看来，幸运之神还是很眷顾巴赫的，虽然他也是经过一
番奋斗才会有今日。失业的音乐家因为一封信，就变成了宫
廷的风琴演奏家。

于是，两个人急急忙忙整理好行囊，动身前往魏玛。巴赫一想到要重回令人怀念的魏玛，实在有些激动。但是这次和以前不太一样，他还带着新婚的太太玛利亚一起回来，而且巴赫比之前更出名了。

　　神气十足的骑士们站在两旁，迎接他们夫妇俩的到来。广阔的庭院中，小鹿在苍翠的冷杉下安详地漫步，他们穿过两旁耸立着大理石圆柱的长廊，沿着柔软的红地毯向前走去，尽头就是一间宽阔的大厅。

　　魏玛公爵与夫人正坐在椅子上，见到巴赫夫妇的时候，他们和许多乐团成员热烈鼓掌欢迎巴赫和玛利亚。

　　"这次受到公爵的垂爱，实在是感激不尽。"巴赫鞠躬表示谢意。当公爵看到他身旁美丽的玛利亚时，说道："你们结婚的消息也传到魏玛来了。"说完，魏玛公爵欢快地开怀大笑。

　　"那实在是很荣幸。"

　　"请你不用客气，我十分欣赏你的勇气。我相信美丽的新娘将来也一定会是位贤惠的妻子，我诚挚地祝福你。你们尽管放手去做，团员们正翘首企盼你呢！"公爵喜笑颜开地说。

　　当时魏玛公爵的领地虽然不宽广，但因为公爵网罗了很多出色的音乐家，所以这个管弦乐团名满全国。

　　巴赫此时不但有全力支持他音乐事业的妻子，生活上也有了保障，另外更有知人善任的公爵对他嘘寒问暖，以及一群出色的团员听从他的指挥。巴赫知道将自己奉献给上帝的时刻终于来临了！

"玛利亚，我在这儿可以定下心来了。"巴赫抄完乐谱对妻子玛利亚说道。

这时候，玛利亚已经快要当妈妈了，她正在为不久后即将呱呱落地的小生命缝制衣服。"是的，我也有这种感觉，刚结婚的时候，我总觉得你像一片漂泊不定的浮萍……"

"直到现在我才定下心来工作，这次的交响乐演奏会规模相当庞大。"巴赫抵达魏玛不久，就谱出一首很长的乐曲。

现在能够和心爱的玛利亚开始幸福愉快的新生活，魏玛公爵也让他施展抱负，一切都变好了。

这时候，一位仆人进来禀报说，市立教会的瓦鲁达先生前来拜访。

"赶快请他进来，我立刻就去。"巴赫急忙朝门口走去。

见到来人，巴赫很有礼貌地鞠躬："我就是巴赫。"

那是一位老绅士，他拄着拐杖站在门口，说："我叫瓦鲁达，久仰先生大名，今天特地登门拜访。"

"快快请进，其实应该是我去拜访您才对，可是因为管弦乐团的事务一直比较繁忙，所以才怠慢了您，快请进来。"

瓦鲁达先生是这座城市教会中的风琴演奏家，名满天下，巴赫早就想去拜访他，没想到现在他先过来拜访，这让巴赫觉得惶恐万分。

介绍过玛利亚之后，巴赫请瓦鲁达先生上坐，这时候巴赫再次被这位老先生儒雅的风度所吸引。瓦鲁达说："我今天前来拜访先生的目的是希望你的管弦乐团能到我的教会去做一次特别演奏。"听到瓦鲁达先生的邀请，巴赫显得十分激动。

在魏玛公爵府邸内的音乐厅中，即使是呕心沥血的巨作，听众也不过是一些宫廷人士而已，城外有很多人根本没有机会欣赏到这种音乐，这是一件很多么让人遗憾的事。教会中也有很多人内心彷徨不定，不知为何而活，如果能让这些人聆听优美的音乐，甚至让众人一起合唱赞美诗，他们一定会受到感染和教诲。这才是音乐家的本分。

这种想法经常在巴赫头脑里徘徊。现在机会来了，巴赫对瓦鲁达说："瓦鲁达先生，我这一阵子试着将风琴的踏板做了一些调整，我发现调整后的风琴能够弹奏出更富于变化的合唱曲。"

"先生这种勤于研究的精神让我实在很佩服！"巴赫每天都勤勤恳恳地工作，这种勤奋不懈的情形，瓦鲁达早就听说过。

巴赫把几天前刚完成的曲子拿给瓦鲁达先生看，瓦鲁达先生目瞪口呆地看着乐谱，过了很长时间，才深有感触地说道："这首曲子的演奏法真是一种创新，希望你在教会演奏这首曲子，让更多的人能够欣赏到这种创新。"

"现在我正在练习这首曲子，请多指教。"巴赫更激动了，他没想到和德高望重的风琴演奏家瓦鲁达先生能一见如故，成为莫逆之交。

等到约定演奏的这天，包括玛利亚在内的一行人浩浩荡荡地赶往市教会，其中有魏玛公爵府邸中的 20 多名乐团成员，以及其他乐团的 24 名团员。

祷告完成之后，人群从城市的各个角落蜂拥而至，把宽阔的礼拜堂挤得水泄不通。

当巴赫举起手中的指挥棒时，一切都安静了，长笛和维奥尔（一种中世纪的弦乐器，通常为六弦，现代的小提琴由此发展而来）首先奏起美妙的旋律，接着是女声低、中音与男声低音混合的重唱，扣人心弦的和声延续了半个多小时。

这是一首以最新演奏法演奏的曲子，缓缓悠扬的祈祷乐声中透着些许淡淡的哀伤，甚至会让听众联想到张着翅膀从天而降的天使。

音乐进入到第二乐章，又增加了喇叭和大鼓两种乐器，把合唱带入戏剧性的高潮，最后在热烈的掌声中，巴赫结束了这首美妙乐曲。

人们听得很沉醉，他们都沉浸在忘我的境界中。演出结束很长时间，人们还徘徊在礼拜堂中，不舍得离开。

"你的这首曲子实在是无懈可击。"瓦鲁达走到巴赫身边，紧紧握住他的手。

"您实在是太夸奖我了。"

巴赫在众人热烈的掌声中，离开了礼拜堂回到魏玛公爵府邸。让他没有想到的一封来信已经等候他很长时间了。

受到王子夸赞

这封放在书桌上的信是哈雷市长寄来的。信上说，哈雷市里的教会新购置了一台大风琴，但是担任风琴演奏的名家已经辞世，此时正缺少一位风琴演奏者，所以他特别希望巴赫能赏光去哈雷演奏风琴。

魏玛公爵很诚挚地鼓励巴赫，所以巴赫带着玛利亚上路了。第一次演奏就获得了广泛的好评。这一天晚上，市长来到巴赫下榻之处，表明他们愿意不惜一切代价，聘请巴赫留在哈雷教会工作。

"尊敬的市长先生，你以为用高薪就能打动我吗？"

听到巴赫语气十分不悦，市长显得有点手足无措，他慌忙又说："不，当然不是这个意思，只是因为市民们太受感动了，希望教会能够将先生挽留下来。"

"对于这一点我十分感谢，可是我现在在魏玛公爵那里工作，他是在我失业时伸出援手的恩人。"巴赫将事情原原本本地告诉了市长，市长还是极力挽留，巴赫只好答应在哈雷停留一个月。

　　当巴赫回到魏玛公爵府邸的时候，公爵笑着对他说："我还以为你在哈雷回不来了呢！"

　　"当然要回来。只是因为他们十分诚恳地挽留我，实在推脱不了，只好暂时留下，帮他们作几首曲子，示范新式演奏法，所以拖到现在才回来，真是抱歉！"

　　"如果只是这么单纯倒无所谓，我担心的是，哈雷市长如果用高薪来游说你留下。"

　　听到公爵的话，巴赫十分吃惊。巴赫之前完全没有跟任何人透露过这件事，公爵又怎么会知道呢？

　　"公爵，当时确实有这种事情，而且我还是好不容易才推辞掉的。"

　　"哦，果然在我的意料之中，不过我真的有点担心那边的大风琴，呵呵。"

　　"让您担忧了，实在是抱歉，但是请您尽管放心。"

　　"当然，你已经回到这边了，虽然你留在那里我也不会太介意，但是这里的管弦乐团经你指导，好不容易才有了进步，所以……"

　　"公爵您曾经对我的帮助，我没齿难忘，绝不会为一点私利就离开魏玛的。"从这之后，巴赫为了报答公爵对他的厚爱，将全部心力投入到作曲当中，完成了很多以最新演奏法表现的曲子。

　　除此之外，他还从《圣经》中汲取灵感，谱出了《B小调弥撒曲》《觉醒吧》《基督，我的生命》等传世经典。

这之后，巴赫为教会谱出了大约可以演奏三年的合唱曲。他每完成一首曲子，就到魏玛市教会，和瓦鲁达先生一起弹奏风琴，并且让合唱团演唱。

在一个雪花纷飞的晚上，魏玛的巴赫家传出了清脆有力的婴儿啼哭声。这时候，窗外的雪花纷纷飞舞，玛利亚身心疲惫地躺在床上休息，她双眼紧闭，脸上却浮现出满足的笑容。

巴赫兴奋得坐立不安，他把脸靠近窗户，冬天寒气逼人的冷气印在他的额头上。他激动地说："啊哈！我终于当爸爸了！"

"亲爱的……"玛利亚在床上无力地呼唤他。

"有什么事情？是不是身体不舒服了？"

"不是，我想问，孩子还好吗？"

巴赫走近小床铺，孩子可爱的小脸跟巴赫像是一个模子印出来的。"孩子很好，放心吧，我正在想他的名字，你看取名为凯塞林怎么样？"

"很好，就取这个名字吧，但是下一个孩子可要让我取名！"

"你看你，刚刚生下第一个孩子，你就在想下一个孩子的名字了，看样子我们将来会有很多孩子啊！"

第一次当上爸爸的巴赫在孩子出生的第十天，就和魏玛公爵一起前往卡塞尔。

卡塞尔宫廷刚刚购置了一架风琴，所以特地邀请巴赫前去试奏。

卡塞尔宫廷的王子很早就听过巴赫的大名，所以魏玛公爵和巴赫在宫廷受到了非常隆重的招待。

"殿下您打算选哪一首曲子？"巴赫温文尔雅地请示王子殿下。

"大家都想听听你的新作品。"

"好！那么我就演奏之前刚刚完成的新曲，我冒昧地请示一下，能让我排练5天吗？"

"当然没问题，乐团的成员随你差遣。"

于是，在巴赫的带领下，大家开始了紧张的练习。早餐前、中午、下午，每天练习三遍，合唱部分的和声十分庄严。每当他们排练的时候，总会有很多宫廷人士偷偷挤在隔壁房里侧耳倾听，王子殿下竟然也是其中之一。

巴赫的指挥细致认真，乐团那些团员们每当练习告一段落时，都累得好像支持不住似的，瘫倒在椅子上，但是巴赫却丝毫没有感到疲倦，在练习合唱部分时，还神采奕奕地唱给他们听。

演奏会当晚，音乐厅挤满了人，300多位听众安静地等待着。这首曲子刚开始的时候就像一个巨大的海浪从海天相交之际汹涌而来。全场的听众双眼轻合，每个人都静静地倾耳聆听。

之后，当男女混声合唱部分响起的时候，听众中有人喊出了"阿门"，还有一些人小声地念着《圣经》中的句子。

演奏结束时，巴赫向听众点头致谢，但是听众却好像还没有回过神似的，一片肃静。这时，王子从椅子上站起来，缓缓走到巴赫身旁，夸赞他说："你是伟大的神的使者！我不知怎样感谢你才好！"

"殿下您过奖了。"巴赫点头致意。王子突然把套在手指上的黄金戒指摘了下来，放在巴赫的手中。

刚刚还沉浸在音乐当中的听众现在才醒过来，爆发出热烈的掌声。巴赫对王子殿下这突然的恩宠有些不知所措。在雷鸣般的掌声中，巴赫傻傻地站在原地。

盛大的音乐会

1710年，巴赫的第二个孩子弗里德曼诞生。1717年的夏天，巴赫的作曲生涯达到了顶峰。他谱出五十多首咏叹调和奏鸣曲。他沉浸在作曲和新曲的练习中，已经到了废寝忘食的地步。

"已经是傍晚了。"玛利亚无声无息地来到巴赫的身边，提醒他。

"我差点忘记时间了，弗里德曼在做什么？"

"现在已经睡醒了，正等着你呢。"

于是巴赫立刻把笔扔下，去找儿子玩耍。他总是把孩子排在第一位，每当谱完曲，他就把所有事情放在一边，全心全意地陪孩子嬉戏。

"你最近工作得太辛苦了。"玛利亚对巴赫的健康情形十分担心。

巴赫笑着拥抱妻子说:"没关系,神会保佑我的。"

玛利亚现在生活在幸福中,她的孩子一天比一天健壮活泼,而她的丈夫巴赫也深得乐团团员们的喜爱,声望更是与日俱增。每当她走在大街上,人们总用尊敬的目光看着她,玛利亚时常觉得自己是个幸运的人,上帝对她很是眷顾。

秋天的气息渐渐浓了,森林、原野都已经染上一袭秋韵。一天,万里无云,玛利亚把弗里德曼放在婴儿车内,推着他到森林中去散步。

叽叽喳喳的小鸟们在温暖的阳光里飞来飞去,远方传来农夫欢快的歌声。玛利亚忽然听到背后有脚步声由远而近。

"玛利亚,对不起,我又要出远门了。"原来巴赫明天就要动身前往德累斯顿,所以才急匆匆过来告诉玛利亚。

"为什么你在家的时间从来都是这么短促呢?"

"不,这次德累斯顿之行和之前不太一样。"巴赫把弗里德曼抱下婴儿车,让他站在草坪上,孩子高兴地欢呼着,在草坪上跑来跑去。

"这次有什么不同?"玛利亚和巴赫结婚之后,经常是聚少离多。

"这一次,法国会派出许多贵宾,我之前跟你提过的那位马尔尚也是其中之一,我早就发觉法国的音乐水准比德意志高出很多,我曾让团员们试奏过马尔尚的乐曲,结果证实我的想法的确没错，这次能够去欣赏马尔尚的演奏，是个千载难逢的机会。"巴赫一脸兴奋，激动地说着。

玛利亚自言自语地对儿子说："弗里德曼，爸爸这次要到很远很远的地方去了。你什么时候回来？"

"我很快就会赶回来。"

"你每次都这么说，但总是一拖再拖。"玛利亚明白巴赫这一去，又得经过一段漫长的时间才会回来。

"但这也是情非得已啊！"

"没事，你尽管到外面去钻研音乐，我会在家好好照顾孩子的。"

"有你在家里，我才能安心地外出工作，虽然我身在外面，但我的心无时无刻不在思念你。我一天当中几乎要想你很多次。"

玛利亚用充满着柔情、信任的目光注视着自己的丈夫。

"你看你，还是这么小孩子气。"

"哪有？我真的有小孩子气吗？"

"是啊，你就好像一个吵着要登山的孩子，但我还是很喜欢你，我想咱们在一起完全是神的旨意。"巴赫说。

一家三口在太阳落山之前携手踏上了归程。

玛丽亚虽然习惯了和巴赫聚少离多的日子，可是一想到巴赫明天一大早就要离开，她依然整晚不能合眼。巴赫这次去往德累斯顿是跟随魏玛公爵参加当地举行的大音乐会，算上随从，他们一共出动了5辆马车。玛利亚含泪将巴赫送到了城郊。

此次的盛大音乐会是奥古斯都二世举办的，魏玛公爵从乐团团员中选出 25 位合唱者和演奏者参加。他信心满满地盼望自己的这支队伍能夺得冠军。

温暖的秋阳洒在一望无垠的原野上，金黄色的树叶纷纷飘坠在马车上。

"魏玛公爵要到德累斯顿去了。"

沿路城市和村落的人们都涌到马路旁向他们一行人挥手。魏玛公爵一边挥着右手，一边微笑答礼。每到一个地方，当地市长都盛装出迎。

巴赫和公爵面对面坐在马车上。

"这次请务必夺得冠军。"

"这个我可真没有把握。"巴赫说完后就沉默地低下了头。

"不过，我对你有信心，我相信你一定可以的。"

"我心中只有一个念头，就是将自己的乐曲奉献给神，其他的我都置之度外。"

"对，你说得没错。"魏玛公爵这时候也发现自己的要求有些过分，向巴赫道歉。

马车在彩霞洒落一地的马路上轻快地朝前急驶，小鸟一边啼叫一边婉转地飞翔在森林中，苍郁的树木此时已经染上了一片红艳艳的色彩。当马车驶近了的时候，车内人们的脸庞也被映得通红。

"这次音乐会的规模实在是空前绝后。"魏玛公爵的侍从长说。

"对，莱比锡圣托马斯教会的合唱指挥古诺先生会参加，当然还有我们魏玛的巴赫先生。"魏玛公爵郑重其事地说。

"这种人才济济的音乐会一定可以名垂千古。"侍从长很激动地说。

这天晚上，他们一行人住在一座小城的市长公馆里，吃完晚餐后，巴赫带着满面倦容的团员们赶到教会去练习合唱曲。听到消息赶到教会的人们都争先恐后地和巴赫握手。

就像这样，每到一个城市落脚，他们都会前往当地的教会，一直都不肯懈怠地练习。魏玛公爵对巴赫的这种举动十分满意。

"我实在很担心，在没有到达目的地之前，你的身体就支持不下去了。"公爵很担心巴赫的身体情况。

"这并不只是为了音乐会，我的主要目的是要传播神的福音。"

"听到你这么说，我觉得很难为情！"

"不，这只是我想做的，没有其他的意思。"

"你这么讲，我更是无地自容了。"

"公爵您千万别这么说，要不然我实在是很惶恐。"

"不，不论怎么样，你都是我最钦佩的人。"公爵庄重地说。

前面就是德累斯顿了，巴赫和公爵知道目的地就要到了。这时候，迎面驶过来一队华丽的马车，这些华丽的马车到底是去哪里的呢？当他们这一行人与那些马车迎头相遇时，从马车中走出一位身着礼服的男人。

"我是奥古斯都陛下派来迎接各位的，一路上辛苦了，请各位换乘马车吧！"魏玛公爵一行人开始换乘他们派来迎接的马车，这时候，巴赫突然感到心跳加速。

"三天前，参加音乐大赛的各位前辈就已经抵达这里了，他们都受到热烈的欢迎，德累斯顿自古以来还没有这么热闹过呢。"前来迎接的使者兴高采烈地说。

"巴赫先生，从现在开始你就要忙活起来了，实在是辛苦你了。"魏玛公爵说完后登上了马车，双手交叉在胸前，脸色严肃，好像在想着什么事情。

巴赫联想到竞争对手的实力自己一点都不了解，立刻觉得紧张，很长时间都不能放心。

城里迎接的仪仗队和乐团早就在城门口等候多时了，这是迎接贵宾最隆重的礼节。

精彩角逐

远近闻名的一流音乐家,包括莱比锡音乐名家古诺先生，以及现在声望与日俱增的巴赫先生等，此时都从各个地方涌进了这座周围被美丽森林和清澈河流环绕的德累斯顿城。这些人中最受瞩目的，当是远从巴黎而来的首席风琴演奏家马尔尚先生。

盛大的欧洲音乐竞赛马上就要在德累斯顿拉开帷幕。

举办这次音乐竞赛的奥古斯都二世当时并没有想到，他会因为这次音乐会而声望日隆，受到世界范围内的赞誉。

巴赫觐见奥古斯都二世回来之后，马上又在宫廷附近的森林里开始练习。

这时候已经到了深秋，落叶铺了一地。树梢上面是一片宽广的蓝天。不知道什么时候，宫殿内的人们竟然三五成群聚集在森林里，欣赏巴赫等人的练习。

等到音乐竞赛的当天傍晚，德累斯顿剧场内人声鼎沸，长期居住在这个城市的居民从没有见过这种车水马龙的热闹情景。

奥古斯都二世带着他的夫人，还有王公贵族、宫廷人士陆陆续续抵达剧场。

从各个国家千里迢迢而来的绅士和淑女都打扮得漂漂亮亮，现在都已经在贵宾席上，彼此交头接耳低声谈论着。

"你觉得巴赫今晚能不能获胜？"

"我认为马尔尚获胜的希望比较大，因为凡尔赛宫和巴黎有名的教会都是由他担当风琴演奏的。"

"我觉得两个人平分秋色！"

"但是法国和意大利的音乐水准要比德意志高多了。"

同时，被邀请过来观赏的人们也开始议论纷纷了。剧场里灯火辉煌，恍如白昼，听众们早就涌进了剧场。

第一个出场的是古诺的合唱团，紧接着是另一位大家的风琴演奏，他们演奏完毕后，全场都响起了雷鸣般的掌声。

随后出场的是巴赫，他选择的是一首刚完成的新作，不过在之前的 5 天中，他和乐团已经将这首曲子练习了至少 20 次以上。巴赫聚精会神地凝视着由 25 人组成的乐团，直到全场鸦雀无声时，他才轻轻挥动指挥棒。

这时，悠扬的序曲缓缓地流泻而出。剧场外，黄昏时分的阳光安详而宁静，晚霞拥抱着原野和森林，人们抖落一身的疲惫，返回温暖的家中。

序曲之后是合唱部分，这是整首曲子的高潮，公鸡打鸣的声音以及小羊呼朋引伴的呼喊声交错响起。听众们好像看见一些人虔诚地跪在地上向神祈祷，然后基督突然降临，和蔼地对他们说："你们安安稳稳踏上归途吧！"说完，基督就悄悄消失在了天空的一方。人们多么希望基督能够多待一会儿，可是他早已不见踪影了。

结尾是缓慢轻柔的管弦乐演奏，全场听众好像见到基督徐徐地降临，他正在和巡礼的人们交谈。听众们有的低下头默默祷告，掩饰不住内心激动的情绪；有些年长的人竟然不自觉地流下热泪。

"这是一首多么美妙的曲子！"

"这位名叫巴赫的作曲家一定是位虔诚的教徒。"

"他如果服务于德累斯顿教会的话，那该有多好！"

每个人都对巴赫赞不绝口，等待着他的下一首曲子。

"接下来，我为大家带来《神的呼唤》。"

这时候，听众一下子安静下来。

巴赫呕心沥血，花费了很多精力才完成这首曲子。他经常在严冬的晚上，拿着五线谱在积满厚雪的原野上走来走去，找寻灵感；有时候，他会等到玛利亚睡着后，偷偷溜下床铺，借着微弱的烛光谱写音符。

全场安静下来后，巴赫那支指挥棒好像闪电一样快速地挥动着。雄壮而简短的前奏好像夏天的暴风骤雨，之后是小提琴震撼心弦的赞美歌。紧接着，竖笛响起来了，好像太阳从重重云层探出头来，然后逐渐升高。女高音唱出了赞美诗。

管弦乐声和合唱声融为一体，在听众心中激起阵阵涟漪。女高音和男低音二重唱优美的和声回荡在整个剧场里，听众凝神倾听，深深陶醉其中。赞美诗结束后，听众们好像还沉浸在歌声中，没有苏醒过来。

直到巴赫向听众鞠躬致谢时，才响起一阵天崩地裂般的掌声。掌声此起彼伏，延续不断，巴赫谢幕了很多次。

巴赫之后就是马尔尚的演奏，这个人是法国家喻户晓的风琴演奏家。巴赫早就听过马尔尚的大名，所以他也坐在听众席上安静地聆听马尔尚的演奏，他的演奏充分体现出法国

巴赫的管风琴雕塑

音乐与众不同的特点，和巴赫浑厚的手法遥相呼应，平分秋色。

巴赫深受触动，他慢慢走回房间。没多久，魏玛公爵也随后而来，他提出了一件出乎巴赫意料之外的要求。魏玛公爵要求巴赫和马尔尚在明天傍晚再举行一次演奏竞赛。

"公爵，我不会这么做的。"

"你与马尔尚谁胜谁败，现在已经变成人们饭后茶余的话题，你们两人的实力难分伯仲，所以只好请你们再一决高低。"

巴赫越来越迷茫了，他说："马尔尚有他自己的风格，而我也有自己的风格，我不明白到底该请谁来评定我俩的优劣？"

"当然是听众。"

"如果不是为了共同研究，互相切磋琴艺，那么我没有办法再比一次。"巴赫说完之后，心中不自觉地沉重起来。他认为，要分出德意志音乐和法国音乐的高下是不可能的事情，德意志音乐和法国音乐独具风格，为什么非要将两种风格、韵味不同的音乐分出高低呢？贵族们这种愚蠢的想法让巴赫觉得十分悲哀，但是最后他不得不妥协。

第二天，马尔尚和巴赫还要在德累斯顿剧场举行一次演奏竞赛的消息很快传遍了大街小巷，整个城市的人们都为此津津乐道。

巴赫抵达剧场时，那里已经人山人海了。正式演出的时刻逐渐临近，一向非常淡定的巴赫有点兴奋了，因为不管怎么样，与马尔尚这样的风琴演奏大家同台竞技都是一件让人兴奋的事。巴赫突然想起今天早上刚收到的玛利亚的来信：

> 我正坐在熟睡中的弗里德曼身边写这封信给你。家中一切都很好，不要挂念。我猜演奏会应该快结束了吧！虽然你远在他乡，我却感觉你还在我身边一样。希望你能将崇高的音乐尽心尽力地奉献给神。

"好吧，我就和马尔尚较量一下演奏的技巧，只要能在神的面前竭尽全力地演奏，我也无愧于心了。"巴赫脑中浮现出温柔贤惠的玛利亚的身影，他凝视着窗外，下定了决心。

这时候忽然一位仆人慌慌张张跑了进来。"请问，是巴赫先生吗？"

"对，找我有什么事吗？"

仆人手中拿着一封信，说："刚刚有个人急匆匆地过来，交代我把这封信转交给您。他只说这封信要当面交给先生，之后就坐上马车走了，并没有留下姓名。"

巴赫心中有一些不安，赶忙拆开信，让他没有想到的是，这封信竟然是马尔尚先生写给他的。信中说：

> 昨天欣赏了先生的神曲，心中受到很大触动，毫不夸张地说，这首曲子可以称得上是欧洲乐坛上最重

大的收获。鄙人本来今天想跟您再竞赛一次的，但是想到这个地方本来就属于德意志，所有的荣誉应该归属于你，所以我很失礼地踏上了归程，我殷切盼望着先生能到巴黎来。祝贺你，同时祝愿你前程似锦，最后衷心希望我们能成为永远的挚友。

巴赫一口气读完了信，心乱如麻地站在窗前。德意志的听众们对之前从来没有接触过的法国音乐一定心存芥蒂，他们最后一定会支持巴赫。马尔尚正是看到了这一点，才不辞而别。

这个消息不胫而走，立刻在人群中传开了。听众们有些遗憾，不过他们仍然要求巴赫按照原计划演奏。

走上演奏台的巴赫，步伐显得特别沉重。听众们以为马尔尚因为技不如人而临阵退却，他们大声地巴赫喝彩，但巴赫一想起马尔尚信上的话就心情异常沉重。他脑海中浮现出马尔尚坐着马车急急离去的背影。巴赫怀着向远客衷心致歉的心情，缓缓走向风琴。

荣誉的背后

与马尔尚的竞赛不战而胜，这使得魏玛公爵越发器重巴赫了。

满载荣誉从德累斯顿返回魏玛后，在公爵心中，巴赫的地位日益重要起来，公爵简直将巴赫当做宝贝一样。

对巴赫来说，这应当是一件值得欣慰的事，但是不知为什么，巴赫对这些竟然有些反感。

果然好景不长，不久，巴赫即陷入一桩麻烦中。独断专行的魏玛公爵和他的继承人产生了一些矛盾，而巴赫似乎更偏向后者，魏玛公爵为了报复巴赫，便把乐长之位给了去世的老乐长那个平庸的儿子。

巴赫觉得自己受到了轻视，便提出了辞职，虽然经历了各种不顺利，辞职到底还是被批准了。

之后，巴赫每天躲在家中，计划未来的动向。他对于作曲丝毫没有松懈下来，每天仍孜孜不倦地弹奏风琴谱写新曲。

他辞掉工作之后，可以利用的时间更多了，所以他开始着手将《圣经》中记载的基督受难情形，谱成一首附带大规模合唱的曲子，其用意是想唤醒那些蔑视上帝、常生嫉妒心的可悲的人们。

巴赫发出了好几封求职信，回信都很恭敬，但巴赫心中所向往的地方却那么难以寻觅。幸好公爵无意马上收回巴赫居住的那座房子。巴赫珍惜每分每秒的时间，就连吃面包或喝茶时，《圣经》也在手边放着。

巴赫手执羽毛笔与五线谱在森林中漫步，树木已经逐渐枯萎，森林里一片寂静，小鸟也不知飞往何处避寒去了，清脆的鸟鸣声要到很久之后才能再次听到。

在这种环境中，巴赫含着泪水吟唱出基督的慨叹，之后迅速在五线谱上写下合唱部分的音符。

阴郁的森林中，没有一点风，也没有一点声音，只是不时会有几片残留的落叶飘落在眼前。森林已经逐渐阴暗下来，巴赫缓缓地走出森林。夕阳西下，天空被涂上了一层金灿灿的色彩。

人生的转折

冒雪拜访启蒙老师

巴赫连续好几个通宵都坐在壁炉旁边，陪伴他的只有那些冰冷的五线谱。此时，他的灵感开始不断涌现出来，现在他已经失去了工作，所以能够安心地在作曲上下工夫，作品完成得十分迅速。

"你怎么还没睡呢？"玛利亚打着哈欠从寝室走出来。

"你快去睡觉吧，孩子们明天一早就会起来的。"巴赫停下手头的活儿，回头催促玛利亚。

壁炉里只剩下零星的火光，玛利亚赶紧将木柴投入还没有燃尽的壁炉内，木柴发出"噼里啪啦"的响声，火焰渐渐旺盛起来，室内一下子变得十分暖和。

巴赫喝着玛利亚端上来的热茶，说："玛利亚，我想出一趟远门。"

"你要去哪里？"

"我打算到汉堡去拜访一位长者，我这一生一定要再见他一面。"

"这个人到底是谁呢？"

"我之前跟你说起过，就是第一个欣赏我作的曲子的那位雷因肯先生。"

"好吧，我也时常听到他的消息，据说他的年龄已经很大了。"

"不错，就是他老人家。我最近三天总是梦见他，我每时每刻都在为恩师的健康平安祈祷，但是我现在一直心神不宁。"巴赫好像有种预感，如果他不马上赶往汉堡，就再也没有机会见到恩师了。

第二天一大早，大雪纷飞，这虽然是临时仓促决定的旅程，但玛利亚仍然十分周到地为恩师准备了好几瓶葡萄酒，还有一件很厚的软毛皮外衣，巴赫带着这些礼物起程前往汉堡。

抵达汉堡之后，天空仍然飘着很大的雪。下了马车，巴赫提着礼物行走在雪地上。到达教会时，他看见大门紧锁，周围不见一个人影，异常肃静。

巴赫敲了几下大门，一个用人马上打开门。

"请问雷因肯老师在吗？我是他的学生。"

"请您稍等一下。"

巴赫站在雪中静待，不一会儿，刚才那位用人又出现了。

"请问您是不是巴赫先生？"

"对，我就是塞巴斯蒂安·巴赫。"

"那请您跟我进来吧。"

教堂中不分昼夜都点着蜡烛，烛光在微风中摇曳生姿。

"啊，这是塞巴斯蒂安·巴赫吗？"在黑暗的走廊迎接他的，正是很久没有见面的需要靠拐杖走路的雷因肯先生。

房间内的壁炉中，火光熊熊，窗外的雪越下越大，雪花如鹅毛一般满天飞舞。

雷因肯老师颤颤巍巍地坐在椅子上，他凝视着巴赫。雷因肯已经老了，一副疲惫不堪的样子，光秃的头顶只剩下一点银白色的头发。巴赫紧紧地握住年迈的雷因肯先生的双手。当他俯身亲吻老师干瘪的手时，突然感到雷因肯先生的双手在轻轻地颤抖。

"我仍然记得你的声音，十分感谢你经常写信给我。"

"我忽然有股冲动，想来见老师一面。"

"很感谢你。你的太太和孩子都好吗？"

"放心吧，他们都很好。"

"能和你再次见面，我真是非常兴奋。现在音乐家巴赫的名字在欧洲真是如雷贯耳了。"

雷因肯夫人早已离开人世，现在雷因肯先生在教会中担任风琴演奏工作，有两位用人服侍他的生活起居。

巴赫看着眼前的雷因肯老师，往事一幕幕浮现在眼前，他心中不禁感慨万千。

"看到老师没什么事，我就放心了！"

"我很了解自己的身体，我最多也就还剩下一两年了。"无人不知、年轻有为的巴赫能够冒雪来探望他，雷因肯先生觉得十分满足。

"明天你来教会演奏一首曲子吧，让我和信徒们能够一饱耳福，好吗？我这个老迈且无用的人能有你这么出色的学生，真是上帝的恩赐！"

"老师您千万别这么说。"

"我为过去那种荒唐的行为感到后悔，之前我自甘堕落地酗酒，不知道上进，看不起出色的音乐家们，总是目空一切，当我突然顿悟的时候，我已经老了。总之一句话，我的整个人生就是一大败笔。"

巴赫对雷因肯先生之前的荒唐生活，曾略有所闻，但是他对外界的这些批评都没有理会。巴赫认为，不管雷因肯先生怎样糊涂，他毕竟是自己的恩师。他想安慰老师，却不知如何开口。

"塞巴斯蒂安，我想听听《巴比伦河畔》。"雷因肯先生好像突然想起什么。

"好，我马上弹奏给老师听。"巴赫立刻站起来，朝着风琴走去。可能用人早已经向教会神父禀报了巴赫到来的消息，所以神父和合唱团团员也闻风而至。

巴赫坐在风琴前，他先祷告，祈求上帝赐雷因肯先生健康，然后开始弹奏。

这首曲子结束后，雷因肯先生紧紧握着巴赫的手说："这首曲子实在是百听不厌，相信你以后的成就一定会更上一层楼。"雷因肯先生流下了激动的泪水。

巴赫看着老态龙钟的雷因肯先生，他既感到十分痛苦，又为久别重逢兴奋不已，真可以说是百感交集。

第二天，在教会公开演奏之前，礼拜堂里已经是人山人海，雷因肯先生的愉悦心情更是无以言表。

"看到你有今天的成就，我就心满意足了！我是个将要离开尘世的老人，你却是如日中天的年轻人。你还那么勤奋向上，我要向你致以最深的敬意。"雷因肯先生紧握着巴赫的双手，激动地说。

"不，老师，我有今天的成绩，全是拜您所赐。"

"你真的一直这么想吗？我早已经被许多学生抛弃，只有你一如既往地以师礼相待，当我沉迷于酒色时，当我过着奢靡的生活时，你还不断来信鼓励我。有你这样的学生，我也算是不枉此生了！"

"您以后千万要保重自己的身体。"

"你让我从噩梦中清醒过来，虽然有些迟了，但这已足够。在我有生之年，希望我们还有见面的机会，我会永远等着你的。"雷因肯先生在大名鼎鼎的大音乐家巴赫面前，显得有些惭愧。他了解自己到了这个年龄，竟然落到如此田地，也是罪有应得。

"想要成为一个出色的人，就应当在别人玩耍时，发愤用功；在别人偷懒时，勤奋工作。如果一味沉迷于享乐，一定会落得像我一样的下场！"雷因肯先生一边悲痛地想着，一边把巴赫介绍给全市的信徒们，此时他感到万分光荣和欣慰，他很诚挚地感谢上帝的恩赐。

此后的十天里，巴赫一直没有离开雷因肯先生半步，他每天晚上都弹奏自己的新曲给老师听。

"我欣赏着你的曲子，感觉已经融入了曲子中的境界。"雷因肯先生眼中含着泪花，由衷地赞美道。

与名人会面

不久后，巴赫回到了家中，他兴高采烈地和玛利亚畅谈与雷因肯先生见面时的情景。玛利亚看到巴赫如此高兴，想说的话不禁咽了回去。

玛利亚难以启齿的话，是家里的积蓄马上就要用光了，全家的生活将面临困境，但是玛利亚看到巴赫神采飞扬的样子却又不忍道出实情。

当巴赫兴致勃勃地宣布又要去旅行时，玛利亚忧心忡忡地问："这次你要到哪里去？"

"我听说亨德尔来到德意志了，我一定要跟他见一面。"

玛利亚早就听说过亨德尔的大名，她知道自己无法改变巴赫的决定。

亨德尔与巴赫同龄，他师从汉堡歌剧运动的领导者，以《弥赛亚》而闻名，后来到意大利留学，回国之后加入汉诺威管弦乐团，随之到伦敦巡回演奏，之后一直定居在伦敦。亨德尔是一位作曲家，也是一位风琴演奏家。亨德尔的曲子在德意志十分出名。

玛利亚虽然知道生活会越来越艰苦，但还是咬紧牙关同意了巴赫的这次旅行。

　　巴赫到达哈雷城时，已是傍晚时分，他迫不及待地立即赶到教会。没想到的是，他朝夕盼望见上一面的亨德尔当天早上已经坐马车离开了。

　　这真是晴天霹雳！巴赫傻傻地站在教会门前，直到暮色已深，他才垂头丧气地找了家最便宜的旅馆，住了一夜。

　　当晚，巴赫辗转反侧，自己跋山涉水赶到这里，竟然还是错过了与亨德尔见面的机会。他越想越不甘心，整夜都没有睡觉。

　　第二天一大早，巴赫雇了一辆马车回家。这时候已是春季，一路上风光旖旎，山野上尽是一片欣欣向荣的景象。干枯的树木纷纷吐露新芽，田野上百花怒放。

　　巴赫此行没有任何收获，他两手空空地回到家中。家中有几封回信，可惜都不是巴赫中意的工作。那些准备聘请他担任风琴手的地方，虽然久仰巴赫大名，却付不起像魏玛公爵那样优厚的薪俸；还有一些小教会慑于巴赫的声名，根本不敢聘请他。

　　整日看着玛利亚为了家庭开销愁眉不展，巴赫心里简直有如刀割般难过。

　　这时候，柯登的利奥波德官邸，因为魏玛公爵的大力推荐，派了一位使者前来拜访。根据使者说，柯登只有小规模的风琴，比较偏重室内音乐，可能不太适合风琴曲和教会音乐的演奏。更让人头疼的是，当地的利奥波德公爵比较喜欢意大利音乐，他的官邸是意大利音乐家的聚集地。不过这些音乐家中，有巴赫认识的有名的小提琴演奏家。

巴赫的雕像

和玛利亚商量之后，巴赫带着全家动身前往柯登。

到达柯登后，巴赫发觉这个地方果然只有小规模的风琴，不过公爵倒是很体谅巴赫的处境，给予他特别优厚的薪俸。乐团的团员们也对巴赫十分敬重。

玛利亚非常高兴丈夫谋得了一个很好的职位，她又恢复往日的风采。"现在压在我心中的那块重石终于放下来了，孩子们从此能够过着安乐的生活了。"

"我确实不是一个称职的丈夫，只顾将全部精力投注在自己工作上！"

"没什么关系，我倒觉得这样对你的音乐前途很有帮助，我最担心的是你像流浪汉一样不停地换工作。孩子一个个都出生了，而你又时常换工作，你不知道我多么担忧！"玛利亚将她之前担心的事情一下子说了出来。

巴赫和利奥波德公爵带着6名管弦乐团员到各地巡回演奏。玛利亚成天到晚像陀螺似的忙得团团转，她将全部心力都放在孩子们身上。她对孩子的照顾真是无微不至，因此孩子们个个都活泼而健壮。

当巴赫拖着疲惫的身子回来时，孩子们全都跑到街上去迎接爸爸，这时玛利亚才能松口气，紧接着心力交瘁似的摇摇晃晃跌坐在椅子上。虽然这样，她还是勉强支撑，面露微笑迎接丈夫的归来。玛利亚盼望能够在一个地方安安稳稳地住上五年十年，并且能够好好教育孩子们。

当知道丈夫连续几天都能留在家中时，玛利亚非常高兴，显得比以前更加神采飞扬。

"这次能在家多待几天？"玛利亚含笑问巴赫。

"说不好，要等到公爵的通知才会再出去。"

"我真希望你能永远留在家中。"

"要是这样的话，我们就没有面包吃了，只能喝水度日。"

"我只是说笑而已。你之前集中全副精神写的那首《马太受难曲》，完成了没有？"

"马上就完成了，现在实在忙得抽不出时间。"

"真是的！"

"这份工作让我感觉很厌恶，一切都要听雇主的，自己的计划一点也顾不上！我真希望有一个安静的场所，好能做自己喜欢的工作。"巴赫把心中的困扰一五一十地告诉玛利亚。

巴赫虽然被一个赏识而体谅他的雇主任用，但仍然必须迁就他们的意思，否则立刻会被解聘。"我真希望能过安静且随心所欲的日子，能做自己喜欢的事情。"这种愿望最近一段时间一直盘旋在巴赫的脑海中。

他觉得自己长年累月地奔赴各地巡回演奏，简直跟那些居无定所的流浪汉没什么区别。玛利亚也认为这样很不好，她最近时常反复思考这件事情。

巴赫和平时一样，在夜深人静时，仍旧伴着微弱的烛光埋头作曲。《马太受难曲》这时已经完成一半，巴赫很希望赶快将它完成，好演奏给玛利亚听。

痛失伴侣

1720年7月，巴赫跟着利奥波德公爵再次外出巡回演奏。这时候正是夏天，森林各处都显得绿意盎然，潺潺的流水声不断从远处传来，万物呈现出一派蓬勃的朝气。

行李准备就绪，巴赫把椅子搬到院子里，和玛利亚以及5个孩子话别。

"爸爸，你什么时候能回来？"在院中一个角落嬉戏的长子弗里德曼和妹妹飞快地跑了过来。

"应该两个月之内就能回来，爸爸不在时，你们一定要好好听妈妈的话。"

"前一阵子，我还为妈妈捶过肩呢。"弗里德曼讨赏似的说。妹妹亦不甘示弱："我还帮妈妈烤面包呢！妈妈，你说对不对？"玛利亚含笑点头，手中却忙着倒茶。

"一路小心，听说前几天有辆马车不慎跌落山崖，车上的 5 个人都受伤了。"

"我知道，你别总担心马车的事情。"

"每次我提到这件事都会被你取笑。"两个人不禁相视而笑。

苍郁的树木在地上留下斑驳的影子，小草像绿色波浪似的随风起伏，几朵浮云悠闲地飘浮在蓝天上。

"不过你回来之前，这个孩子应该还不会出生。"玛利亚忧心忡忡地抚着凸起来的肚子，低声告诉巴赫。

"你千万要小心。在你分娩之前，我一定会赶回来的。"巴赫安慰着玛利亚，转身登上了马车。

玛利亚和孩子们站在门前与巴赫挥手道别，马车越来越远，但他们仍然依依不舍地倚在门边，望着马车远去的方向。

到达目的地，迎接巴赫一行的是一连串忙碌而紧凑的演奏会。

一天深夜，巴赫被旅馆老板焦急的敲门声惊醒，旅馆老板说柯登那边有人着急要见巴赫。

门外有辆马车停在路边，一个人正气喘吁吁地擦着汗。

巴赫感觉有重要的事情发生了，他立刻询问来人，来人说巴赫太太早产，已经生下一个男孩。巴赫慌忙问母子是否都平安。来人说孩子还好，但是玛利亚身体虚弱，情况非常危急。

"你说什么？玛利亚非常危险？"巴赫顿时有些慌乱。

"我出发之前夫人就很危险，现在……"

巴赫几乎快瘫倒在地，事情实在来得太突然了！

"前两天，夫人产下婴儿后，就一直高烧不退，夫人不停地说梦话……"

"那你怎么现在才来通知我呢？"巴赫感觉自己像被人掐着脖子一样，简直快要窒息了。过去一直在外巡回演奏的巴赫难得有在家的时候，他深悔自己太过于热衷工作而冷落了心爱的妻子。

巴赫跳上马车狂奔向柯登，大儿子弗里德曼早已经在门口等着了，看到父亲的马车，他赶紧迎了上来。

家中早已经挤满了巴赫的学生和朋友，他们都在焦急地等待巴赫的归来。

"玛利亚！"巴赫一边喊着，一边奔向寝室，但是一切都太迟了！已经全身冰冷的玛利亚安详地躺在床上。

"玛利亚！请你原谅我！我实在太愚蠢了，怎么能把你一个人留在家里！"

巴赫俯下身子亲吻玛利亚冰冷的嘴唇，抚摸她的面颊和额头。人的生命实在太脆弱了！有谁能够想到，死神如此轻易地就夺走了一条宝贵鲜活的生命呢？

夜深了，巴赫仍旧哀伤地陪伴在玛利亚床边。孩子们的啼哭声逼得他不得不回到现实世界来。六个孩子都还那么小，最小的刚刚出生，从明天开始，巴赫就要父代母职抚养这些孩子了，他该怎么做呢？

朋友们纷纷告辞离去，最后只剩下巴赫的学生和用人，孩子们都被哄去睡了。不久之前，全家还其乐融融欢聚一堂，现在家已经变成最悲伤最凄凉的屋子了。36 岁就永诀人世的玛利亚实在让人感到悲痛！

"老师，请休息一会儿吧！"学生来到两眼失神、正呆呆沉思着的巴赫身边轻声安慰道。

"不，我一点也不疲倦，我现在才明白，养育这么多孩子是多么辛苦！我欠玛利亚太多了！"

"发生这种事实在出乎意料，夫人是怕您悲伤过度，一再阻止我们通知您。"

"玛利亚为全家人付出了这么多心血，而我却连道声感谢的机会都没有！"

"老师，您千万不要这么想，夫人早就知道自己可能会离开你们，所以曾经叫我到她床边，帮她记下了遗言。"

"啊，是玛利亚的遗言吗？"

"是的，她吩咐要交给您……"学生拿出一张纸，可能是当时玛利亚念得很急切，所以上面的字迹断断续续的。

巴赫借着昏黄的烛光展读遗言：

我最亲爱的丈夫！可能在你没有回来之前，我就已经告别人世了！请你一定要好好照顾咱们活泼可爱的孩子们……我已经将一切献给你和孩子们，现在就要回到上帝那里去了。

　　塞巴斯蒂安，这是个多么令人怀念的名字啊！请你好好将孩子们抚养成人，永别了！严肃而慈祥的丈夫。

　　我十分喜欢《马太受难曲》，真的希望你能够多关怀孩子们，将来我们会再见面的。

　　孩子们，塞巴斯蒂安，永别了。不知道你此刻在何处，多么希望再见你一面……

　　巴赫的眼泪像断了线的珍珠，不断滴落在纸上。不知不觉，字迹已经晕开变成了黑幕。

　　学生一直站在巴赫身旁，默默地凝视着窗外。这时候，用人前来禀告晚餐已经准备好了。

　　巴赫再次深深地叹了口气："唉，玛利亚已经不在这个家了！现在只剩下我和孩子们相依为命了！"他的心底涌出阵阵悲哀。

　　"葬礼的事情，我们会料理妥善，请老师节哀。"

　　"谢谢，我一想到那些孩子，就不知道该怎么办！"

　　巴赫一点食欲也没有，他把自己关在房里，反复默念着玛利亚的遗言。每一字、每一句都像利箭般直穿心间，巴赫的内心简直如刀割般痛苦。

　　刚降临到世界上的那个孩子好像已经知道了母亲去世的消息，一直不停地哭。巴赫坐在隔壁的房里，鼓励自己，必须提起勇气，为孩子们坚强地活下去。

　　巴赫一直在想，今后该如何抚养孩子成人，如何陪着他们走过漫长的人生旅途。越是深思，头脑就越清醒，整夜都辗转反侧，无法入睡。

夜已经深了，大地一片寂然，只有远处潺潺的流水声不断地随风轻飘过来。

弗里德曼的决定

"爸爸，你的祷告结束了吗？"隔壁的房间传来了女儿的声音。

"爸爸，开始吃饭吧！大家都已经就位等您开饭了。"

"好，立刻来！"巴赫说着便走出了房间。

每一次，巴赫总会花很多时间站在妻子玛利亚的遗像前，告诉他自己的无限追思与怀念，他希望能够和妻子有更多默契交流、灵犀相通的时间。

在餐厅里，大儿子弗里德曼以大哥的姿态照顾着弟弟妹妹，也带领大家用期盼的眼神，等待着父亲下达"开饭"的命令。

自从爱妻逝世后，女用人玛尔塔就担负起了照顾这些孩子的责任。无论何时何地，她总是尽心尽力，忠心耿耿，这的确是一位出色的保姆。孩子们对她有些畏惧，但更由衷地敬重她。

大家就位后，必须进行餐前祈祷。于是，刚开始还喧哗的餐厅突然变得安宁静谧，没有一点儿声响。随着年龄的增长，孩子们都能了解自己的妈妈到天国去了，而天国就是遥不可及的地方，所以他们不再像过去那么淘气，每个都变得很守规矩，不再打翻汤肴，更不再丢弃面包干粮，他们也在努力学习应该怎样照顾自己。但是巴赫却常常回忆着死去的爱妻，每当全家共餐时，他总会想起玛利亚过去经常在饭后对他说的话："我们这一回合的战斗结束了，现在是我们继续奋斗之前的休息……"同时玛利亚还会递上一杯助消化的饮料。

巴赫自妻子过世后，就一直活在回忆里，不停地怀念以前的情景。巴赫虽然过着十分悲痛且孤寂的生活，但仍然发表了许多伟大的作品。

不久，亨德尔寄来一封慰勉的信。亨德尔知道了巴赫夫人逝世的消息。信上说：

> 请继续前进吧，朋友，绝对不要停止，上帝会帮助那些需要帮助的人，同时，他也绝对不会赦免畏缩不前或是退步的人。
>
> 亲爱的朋友，希望你能够早些治愈自己受伤的心灵，继续向前迈进！

亨德尔的话铿锵有力，宇字句句都充满了希望的生机，他要借此触发巴赫的意志，使他不至于丧失斗志。

巴赫每天从利奥波德公爵的府邸下班回家，总是先抽出些时间陪孩子们谈天，然后进入放着钢琴和风琴的卧室，继续谱曲的工作。

之前，这个家庭的每个角落都充满生气和活力，现在却再也找不到往日那种景象了，只留下无限的哀伤和落寞，弥漫在空荡荡的房间中。

"爸爸，我想和您谈一谈，可以吗？"大儿子弗里德曼轻轻地推开房门问道。

自从母亲逝世后，身为长子的弗里德曼深深感到自己的责任重大。他早已经有了大人的气势，无论谈吐或举止总带着点儿大人的口气和派头。他慢条斯理地告诉父亲："爸爸，我想要到外地去学习一点新知识。"

弗里德曼注视着父亲严肃的目光，似乎已经预料到自己的决心将会遭到严厉的斥责，成功的机会十分渺茫。在父亲的注视下，他几乎动摇了原先的决定。

"你决定到哪里去呢？你可以跟爸爸一起学习。为什么一定要离家外出求学呢？"

"我住在这个城市，他们只会认为我是巴赫的儿子，并不认为我具有独特的才华和出色的能力，我不喜欢人们用这种眼光看我。我希望自己能有一番独特的作为。"

"原来是这样，外出求学也是个十分聪明的办法。"巴赫强忍着与儿子分离的悲痛，表示赞同儿子外出求学。

"我想去莱比锡学习小提琴。"

"你真的决定要离家外出求学吗？爸爸在和你年龄差不多的时候，父母双亡，一个人过着孤苦寂寞的日子……"忽然之间，巴赫停住了。因为，他觉得对一个即将离乡背井的孩子来说，没有必要告诉他太多伤感的往事。

弗里德曼连忙答道："但是，我还有一位慈祥和蔼的父亲健在，我一点也不觉得寂寞孤独。"

"我的孩子，十分感谢你，我们大家和睦相处、相亲相爱，既然你已经下定决心，我就先写封信到莱比锡教会联系一下，反正每个人长大后，总是要学着自己独立的。"

"我明白，爸爸您比我年纪还小的时候就开始学习音乐了，这一方面是我所不能及的。"

巴赫听了儿子的这番话，忽然间理解了儿子的想法。其实父子俩都是年幼时就失去了母爱，境遇何其相似。巴赫虽然不忍让弗里德曼离开，却又希望孩子能顺着自己的个性发展，这样将来有所成就。弗里德曼就要成为一只独自翱翔的大雁，没有雁群的庇护，必须自己在广阔的天空中面对风雨，寻找自己的理想，把握自己的方向。

就在这个时候，利奥波德公爵的乐团女高音歌手安娜小姐前来拜访，她对巴赫说："巴赫先生，我来帮您做些家事好吗？"

安娜光顾着表达自己的内心意愿，丝毫没有在乎巴赫及弗里德曼父子俩的交谈。说完，她便径自走进女用人的房间，开始忙着清洗脏衣服。这是很辛苦的工作，不过安娜好像十分同情这位孩子众多的巴赫先生。这不是她第一次为这个家庭做这些事情，也不是最后一次。她对这些具有音乐素养而又懂得礼貌的可爱的孩子们完全一视同仁，除了由衷地同情之外，更是无条件地付出绝对的爱心。她毫无怨言地清洗脏衣服，打扫凌乱的房间。

这次，巴赫像往常一样过意不去，他对安娜说："安娜小姐，你可以休息一下，免得累坏了身体。"

"我听说弗里德曼要到莱比锡去学小提琴，是真的吗？"

"嗯，是的！我认为他在家里跟着我学习也可以，没有必要外出求学，可是他不愿意，我只好顺着他的意思，这样或许更能发挥他的才能！"

"我觉得外出求学才是好的办法。至少，我现在都觉得在乐团里的工作越来越痛苦。"看来安娜是遇到了什么不愉快的事。

"到底发生了什么事情？安娜小姐！"

"巴赫先生，公爵夫人在走廊上遇到我们这些女团员的时候，总是连声招呼也不打，真是令人不舒服，我不喜欢她那种傲慢的态度！"安娜已经21岁，思想很成熟，在所有团员中，她拥有最优美的音质，巴赫对于她的音乐前途抱有很大期望。

"你说的也不尽然。对公爵夫人不满和埋怨的并不只有你一个人。公爵夫人好像对音乐一点也不关心，公爵也为此感到头疼，我必须想出一个妥善的方法来提高她对音乐的兴趣。"巴赫向安娜诉说着自己的内心感受，并且表示自己不会为了这么一点儿小事，辞去这份非常热衷的工作。

"您也要拿出勇气来，凭先生的才华，无论到哪里都能得心应手，应付自如。"安娜也在劝勉鼓励着巴赫先生。

"这可不见得，如果我和弗里德曼一样年轻，就可以带着简单的行李，走遍天涯海角，现在我已经成家立业，必须负担家庭生计，不能再过潇洒的日子了。"巴赫一边听着孩子们的嬉戏笑闹声，一边向安娜诉说目前的处境。他觉得不能把教育孩子的重责完全委托于女用人玛尔塔，但一时又想不出其他更为妥善的方法。

现在，孩子们都称呼安娜为"阿姨"，从这点也可以看出安娜对巴赫确实很有帮助。每当安娜不在时，孩子们似乎也安静了很多，偌大的一座房子显得十分冷清。孩子们总是追问："阿姨到哪里去了？她不再来了吗？"这样的问话总是让巴赫不知道如何回答。

弗里德曼出发的那天早上，安娜比平时更早地到达巴赫家为他打点行装。弗里德曼靠近安娜说："阿姨，我要走了！"

"你可要自己多保重！"安娜看着弗里德曼，知道他一定还有许多话要说，于是就开口问道："你还有什么担忧和牵挂的事吗？"

弗里德曼回答说："是的，我的确有件事情想麻烦阿姨，希望你能够经常到我家来，教导我的弟妹唱歌，或者弹钢琴，好吗？"

"好，我一定尽力而为。"

弗里德曼听了之后，神情显得开朗了些。"这是我唯一的牵挂，爸爸的音乐事业十分忙碌，我走了之后，家里再也没有人能够承担教育弟妹的责任了，所以，我总是很担心他们。"说到这里，弗里德曼早已热泪盈眶。

"我知道了。我完全明白你的意思，你就安心到莱比锡去学习小提琴吧！我每天都会抽出时间到家里来，希望你以后不要为了家里的事而影响了自己的学业。"安娜声音哽咽地安慰着弗里德曼，她的泪水不断地涌出来。这时候，她更觉得弗里德曼是个可爱的孩子。她很自然地紧搂着他，轻轻抚摸着他的头，安娜觉得爱护他们就像爱护自己的孩子一样。

过了一会儿，马车准备妥当了。弗里德曼像个大人似的坐在马车上，完全看不出来他不过是个十几岁的孩子。也许是环境造成了他的早熟吧。

巴赫强忍着内心的伤痛，带着孩子们站在大门口，目送大儿子弗里德曼缓缓离去。

心灵的碰撞

送走大儿子弗里德曼之后，巴赫意志消沉地回到了自己的卧室。安娜也坐在椅子上想念着远赴他乡的弗里德曼。

"先生，您听说我，"安娜从恍惚中把巴赫叫醒，然后说道，"从今往后，我每天都会到家里来帮忙。"

"这怎么行呢？你有自己的工作，千万不能出现任何疏忽或者错误。家里的那些杂务玛尔塔可以做得很好……"巴赫对于安娜的善心心存感激，但是又不知道该怎么表达自己的心意。

"可是，我都已经和弗里德曼约好了。"安娜小声地说。她鼓起勇气表达了自己的心意，"我还可以帮助孩子们练习钢琴，教导他们唱歌。"

"安娜小姐，十分感谢你的好意，可是，你应该为自己多着想一下，这才是最重要的。"

"说实在的，我早就对乐团的工作失去了信心，很想辞职。我实在没有兴趣再和那位没有音乐素养的公爵夫人相处下去。"

"这是另外一回事啊！"巴赫突然发现，安娜具有温柔开朗而又好强的性格，是一位非常值得敬佩的女性。"你说你和弗里德曼约定好了？"

"是的，他拜托我照顾他的父亲和弟弟妹妹，他的态度十分诚挚，这让我深受感动，所以我毅然决然地答应了他的请求。虽然我不知道要怎么做，但我一定不能辜负他的嘱托。"

巴赫刚开始还一直心不在焉地听着安娜的话，忽然他像梦中惊醒一般，站起身来注视着安娜。

"弗里德曼真的这么说吗？"

"嗯，他担心他的爸爸回来很晚，而且弟弟妹妹的课业又缺人照顾……"

"哦，是这样。谢谢你，没想到这个孩子考虑得这么周全。"

"弗里德曼说这是他唯一担忧的事，我才答应了他的请求。"说完，安娜的眼睛开始泛红，声音也变得有些低沉。明朗的阳光照进窗户，使得原本凄凉惨淡的房子闪耀出金色的光芒。

巴赫再次由衷地对安娜表示谢意："实在是太感谢你了，安娜小姐。"

"这算不上什么，别客气。"安娜温柔地摇着头说。

这时候，笼罩在巴赫心中的乌云正在逐渐消散。

之后一个凄寒的夜晚，安娜欢快地说："家里来客人了！"巴赫好奇地走出来。

"塞巴斯蒂安，是我啊！不认识我了吗？我是厄德曼呀。"

"啊！是厄德曼，好久不见了！进来！进来！"巴赫十分激动地握着老友厄德曼的双手，并领着他走进客厅。

厄德曼现在已经放弃了音乐家的道路，不过他的服饰仍旧很讲究，华丽之中又带着几分朴实的味道。

"你是怎么回事？这么长时间都没有消息。"巴赫问。

"实在是抱歉，我很久都不跟你们联络，但是，我时常会怀念我们跟包姆先生学习音乐的情景。"

"你现在在哪里工作呢？"

"没什么好工作。你看看我的手指，有一次，我帮包姆先生砍柴时，不小心砍断了两根手指。后来我听说你在向着音乐家的目标前进，心里除了替你高兴之外，也经常思考自己的前途。我总是想，在这现实的社会中，生活方式可能多种多样，但只要肯努力，总不至于忍受饥寒。一次偶然的机会，我开始亲近田野，后来逐渐走上了农业的道路。"

"你怎么都不告诉我呢？我一直没有主动和你联系，这是我的错。"

"不要这么客气，现在我虽然不能成为音乐家，可是每次得知你的消息，都觉得自己很光荣。"

巴赫看了看厄德曼的左手，真的少了两根手指，可是，从他充满惬意的表情来看，他一定过着十分愉快的生活。

有安娜的日子

1723 年 2 月 5 日，巴赫下定决心，离开了死气沉沉的利奥波德公爵乐团。在这之前，巴赫已经通过了莱比锡圣托马斯学校的教师任职测验，将会出任该校的音乐教师。

圣托马斯音乐学校是德意志的音乐教育中心，创立于13 世纪，历史悠久，是音乐的圣地。弗里德曼也在此求学，巴赫到这里任职，也是希望能让孩子们得到更好的音乐方面的熏陶。

这里的工作环境很好，但是学校订立了几点十分严格的要求，这让巴赫感到不满。学校规定：对市议员必须表示由衷的敬意；职务上的演奏必须勤勉不懈；生活要有规律；未经许可，不得擅自旅游；必须教导学生学习拉丁语；不得将教会音乐以戏剧性的方法处理。

巴赫就职之后，被任命为合唱团的团长，学校给他分配了教职员宿舍，每年的收入十分可观，家庭生计终于有了很大程度的改善。

在这个地方又能与弗里德曼团聚了。一年前，始终温柔体贴、慈祥和蔼的安娜也和巴赫结为夫妇，正式担负起母亲的职务。

每天，当巴赫从学校下课回来的时候，安娜总会面带微笑地站在门口等他。安娜具有相夫教子的美德，不论家务的管理还是子女课业的督导，几乎都做到了尽善尽美的境地。

"今天我督促弗里德曼练习发声。"安娜期待着丈夫的归来，兴奋地向他报告一天里完成的任务。

"小女儿最近练习得如何呢？"

"我认为她的程度离入门还有一段距离，目前还是继续让她尽情地玩耍吧！不要强迫她。"

"不过你要注意身体。教导 6 个孩子，千万别累坏了。"

"不会呀！我一直觉得很快乐。"

巴赫发觉安娜是一位从无怨言的伟大女性，她的精神真是值得敬佩。

"今天晚上你有应酬吗？是不是要外出？"安娜问。

"不，今晚哪儿也不去，我要在家里作曲，顺便可以陪你弹琴，之后，你可以利用钢琴谱曲。"

"好！那现在你先陪孩子们聊一聊吧，我去收拾一下，之后哄孩子们睡觉。"于是，安娜用她那纤细的双手开始处理一天最后的家务。在她的细心照料下，孩子们都很健康活泼，聪明可爱。巴赫现在更有充分的时间从事音乐创作了。

吃完饭后，巴赫看着庭园中的林木，春天就要来了。他不断地思索着目前正在进行的《马太受难曲》，希望有一番创新，至于一切家务和年幼的孩子，他再也不用操心，因为他拥有一位秀外慧中的妻子。巴赫轻触琴键，想借此激发一些灵感，突然，他想起了前妻玛利亚的面容，不禁悲从中来，怀想起往昔的岁月。

"也许现在这位柔顺体贴的安娜正是玛利亚的化身！"巴赫心想着，并感激命运的安排，让他得以拥有这样的贤妻，能够专心致力于事业的发展。

春天的脚步近了，但严寒的冬天仍不肯走远，河面上的薄冰在夕阳余晖的照耀下，显得十分明亮。壁炉里的柴火正燃烧着，红色的光芒为室内添了不少暖意，与屋外的寒冷形成鲜明的对比。

巴赫专注地弹着钢琴，烛光照耀着他的脸颊。安娜忙完了家务琐事后便站在钢琴旁边，陪着丈夫创作新曲。孩子们都已经入睡，只有弗里德曼蹲在壁炉旁，一边拨弄着燃烧中的柴火，一边聆听着父亲的演奏。巴赫闭着眼睛找寻灵感，安娜则用柔美的声音唱了起来。

安娜的音色十分优美，圆润而饱满，她的歌声在房间里回荡，清新悦耳，扣人心弦。

"谢谢你的合作，我们休息一下吧！"乐曲告一段落时，巴赫对安娜说。

"我再唱一次，好吗？"

"等一会儿再唱吧，我们先去壁炉那儿取暖，烤烤手，我的手指几乎要冻僵了。弗里德曼，你也在倾听爸爸的演奏吗？那你说，爸爸弹得怎么样？够水准吗？"

"嗯，实在是很棒，这是一首十分动听的曲子，应该是爸爸最得意的杰作吧！"

"真是这么样吗？谢谢你。"

"我真希望妈妈也能听到这么优美的曲子。"弗里德曼的声音颤抖，情绪有些激动。

安娜的眼眶也湿润了，但她马上恢复了明朗的声音说："的确，我也认为要是玛利亚也能欣赏到这首曲子就好了。"

巴赫说："我一向都在努力地工作，但过去却始终写不出如此扣人心弦的曲子。从前，玛利亚也时常鼓励我，我却没有丝毫创作新曲的灵感。"

"爸爸，现在安娜妈妈不是也在帮助你吗？你应该要创造出更好的曲子来。"听了弗里德曼这番话，安娜感动得几乎要掉下泪来，她诧异这孩子成熟的心智。弗里德曼说完便走回自己的卧房，巴赫和安娜继续在壁炉旁促膝长谈。夜色已深，他们夫妻俩却越聊越起劲。

现在，家里雇了女用人，繁杂的家务减轻了很多，孩子们对这位新妈妈也十分亲近，这让巴赫能够全心全意专注于音乐创作。巴赫悄悄对安娜说："对了！我拿一本日记给你看，好吗？"

"好啊！我真希望能够欣赏一番。"

在和安娜结婚前，巴赫曾为了表达自己对安娜的情意，将内心的感受记载在日记中。现在这些内容就要公开了。安娜看完厚厚的记载着巴赫的情感的日记之后，问道："这位幸运的新娘是谁呢？"

"当然是你啊！我当然是在赞美你啊！"巴赫涨红着脸，激动地说。

"我实在是太高兴了！除了迷人的语句之外，竟然还谱上了悠扬的曲调，这真让我感到很光荣，我不知道你竟然还有这方面的才华。"

"你的意思是之前一直瞧不起我了？"

"没有，我只是感觉好奇罢了，因为平时你的作品大都是以上帝为主的，现在竟然改变了风格，写起情诗来了。"说完之后，安娜微微一笑，顺手拿起日记唱了起来，巴赫则在一旁用钢琴伴奏。

这时候，皎洁的月亮高高挂在夜空，微弱的光芒透过窗帘照进客厅，不一会儿，安娜从抽屉里拿出一本笔记簿。

"塞巴斯蒂安，你猜这笔记簿里的诗篇赞颂的是谁，你唱唱看吧！我还特地谱上了曲子。"

巴赫看完之后，很激动地说："这真是一首绝妙的好诗，看来你还是一位富有潜力的杰出诗人呢！"

"当然了！也许我应该从事诗歌创作。"

"那么，你唱给我听听看吧！"

安娜便轻声哼唱起来，她生来就具有一种明朗而从不妥协的性格，她总是走在别人前面，绝不甘心落在其他人后面。自从巴赫失去了玛利亚之后，他接受了安娜的真诚，与安娜共同过着新的生活，他情不自禁地感谢安娜，因为很长时间凄凉的家终于重新有了光辉。

"安娜，自从你来了以后，家里好像又见到阳光和彩虹了。"

"你的意思是女人像太阳吗？"

"当然了。你不就是我们家的太阳吗？孩子们能够与你融洽和谐，而且大家都酷爱音乐，我们全家几乎可以组成一个管弦乐团。"

"当然可以，只要再教给他们一些音乐知识，组成管弦乐团绝对不成问题！"

"好了，我们还是早点歇息吧！"巴赫忽然想到明天还要去学校上课，应该早点休息，免得影响上课的精神。

迫于生活压力

现在，巴赫在家中如沐春风，但是他在圣托马斯音乐学校的工作却并不是很顺利。

有一天，城里圣保罗教会的风琴演奏家盖鲁纳先生气势汹汹地来到圣托马斯音乐学校。盖鲁纳与巴赫同样担任合唱指导的工作。

"我今天来，是听说你对我们的市议员十分不礼貌，你在自找麻烦。"

巴赫听到这句话觉得很惊讶，他反问道："你这是什么意思？"

"能有什么意思？我听市议员说，他曾经向你点头打招呼，你却一直没有回礼。"

"这就奇怪了，这是什么时候的事？"

"四五天前，就是因为你，市议员才对我们教会兴师问罪。"

"如果真的发生了这么严重的问题，我一定会亲自去向他们道歉。劳您大驾，实在是不好意思！"

盖鲁纳在莱比锡所有教会合唱指导者中，是一位非常有名的"宣传家"，无论是别人的问题，还是自己的私事，他从不假思索地大肆宣传。

巴赫心想，好不容易让自己的家庭生活得以安定，薪水也提升了很多，现在，麻烦却又接踵而至，实在是头疼。盖鲁纳离开之后，巴赫目光呆滞地触摸着琴键，仔细地思索着一波又一波的烦恼。

现在和盖鲁纳争辩得面红耳赤对事情根本没有什么帮助，而且家里子女众多，在这里工作还算得心应手，如果因为这件事离开了圣托马斯学校，日子恐怕会更加艰辛困难。人生的旅途总是坎坷崎岖，继续忍耐下去吧！

巴赫在圣托马斯音乐学校的工作很忙碌，恨不得一个人变成三个人。巴赫每周有7小时的歌唱指导，每周四要教授拉丁语。周日还必须到圣托马斯教会以及尼可莱教会演奏弥撒曲，每逢大型祭典还得准备两首新的曲子。

除此之外，无论结婚典礼还是丧葬场合，他必然莅临演奏。在如此紧张而忙碌的生活里，还要时时不忘和市议员们点头打招呼。

巴赫想了想，情不自禁地笑了出来，然后坚定了自己的意志："就先把这些无聊的事情抛在一边，专心致力于自己的工作吧！"

安娜此时已经是两个孩子的亲生母亲，除了上学的时间外，8个孩子总是围绕在她身边。安娜始终没有任何怨言，尽心尽力地履行身为母亲的职责。

现在，安娜把孩子哄睡了，然后到客厅陪巴赫聊天。巴赫一边弹奏着柔美的乐章，一边凝视着贤惠的妻子。

夏天早已悄悄来临，夏夜里，虫鸣鸟叫和夜莺的歌唱为这仲夏之夜增添了一丝神秘和沁凉。

安娜体贴地问道："我看你最近总是很疲乏。"

"没什么大事，可能是因为我最近忙着完成《马太受难曲》。我还计划在圣托马斯礼拜堂公开演奏，到时候希望你也加入。"即便安娜能够为他分担忧愁，他也不忍心对她有丝毫伤害。

宁静的夜晚，安娜陪伴着巴赫，他们暂时忘却烦恼，愉快地讨论着音乐创作。

"好，让我们继续努力吧！"安娜鼓励着心情沉重的巴赫。

"我们今天就来练习《平均律钢琴曲集》吧！"

"你弹琴，我唱歌。"安娜说着便拿起乐谱来。

这些《平均律钢琴曲集》是巴赫呕心沥血最近完成的曲谱。这当然是一系列动人的旋律，富有如诗如梦般的情调，每一个音韵都变化多端，节奏明快活泼，清新脱俗。

前奏曲的第一章是以 C 大调的旋律组成的，这也是巴赫费尽心血，绞尽脑汁完成的作品。

"好吧，那么我们就从前奏曲开始练习。"

"立刻开始。"

安娜深深呼了一口气，用她那富有弹性而又十分圆润的嗓子开始唱歌。唱完之后，安娜红着眼眶看着巴赫，只见巴赫早已热泪盈眶。

巴赫内心的苦楚，或许只有安娜一个人了解，因为他们彼此相爱。关于巴赫新曲中所赞颂的玛利亚，可以说指的是正在天国的爱妻，当然也是指目前正陪在身旁的安娜。

安娜悄悄地把手放在巴赫的肩上，无限温柔，欲言又止。

"怎么，有什么想对我说的吗？"

"其实，事情我都知道了，你在学校里发生了很多不愉快的事，是不是？你始终没有表露出来。为什么不能让我和你一起分忧呢？"

"这根本没什么。我的工作并没有任何改变，只不过在我的工作范围内，又出现了一些让我看不顺眼的市议员罢了！"

"别将这些小事挂在心上，你既然身为音乐家，就应该把力量灌注在音乐方面，不要为其他事分心！"安娜总是这么委婉地鼓励巴赫，让他能够再次振作精神向前迈进。

"我之前一直想要辞去这份音乐教学的工作，可是后来想想，就像你说的，我并不想谋求王侯的高位，也不想获得多么优越的待遇，只要自己过得舒坦自在就好了，所以，我经常压抑着自己火暴的脾气。"巴赫毫不在乎外来的压力，反倒是惦记即将在神圣周演出的《马太受难曲》。

"请问，有人在家吗？"忽然，敲门声传了进来。

"这么晚了会是谁呢？我出去看一看。"说着，安娜走了出去。

原来是城里合唱团的总指挥铁列曼先生，他是一个30岁左右的音乐家。

"这么晚来打扰你，真不好意思。"

巴赫问道："你来找我，有什么事吗？"

铁列曼把事情的经过说了一遍。原来对这一次《马太受难曲》的演奏，巴赫曾计划改良合唱团的素质，于是向市议会及元老院提出申请，希望增加9位团员，这个提案竟然被市议会否决了。

铁列曼说完之后，巴赫心想，自己料想的事情终于来临了。如果现在对铁列曼表明心中的不满，那不就等于和市议员正面冲突了吗？这样一来，就破坏了所有的事。再想想温柔体贴的妻子、天真活泼的孩子，现在还不是和市议会公开对立的时候，所以还不能向铁列曼倾吐任何心里话。

"铁列曼先生，请你欣赏一下安娜唱的圣母颂怎么样？我已经谱好了曲子，听听看吧！"巴赫故意转变话题。

虽然铁列曼想委婉地拒绝，但他心里还是渴望听到安娜的歌声。他那明亮的双眸里明白地显示了他的心意。

巴赫站起身来，坐在钢琴前。从一开始就倾听着他们交谈的安娜，心中十分难过，她希望借着自己的歌声澄清外界对丈夫的误解。这一次，安娜唱得比任何时候都卖力，都动听。

铁列曼激动的情绪慢慢平静了，他感到一种前所未有的愉悦感。

烟消云散

市议会公然拒绝巴赫扩展合唱团的计划，这严重影响了圣托马斯音乐学校校长的社会地位。

有一天，校长对巴赫说："身为一个合唱团团长，你应该知道什么是自尊、自重、自爱。"

巴赫马上明白了校长的意思，连一向通情达理的校长都对那些市议员和元老院的职员们十分畏惧。

"我相信自己是为了上帝，为了爱，才这么做的。"

"话是这么说没错，但是市议员们并不这么想。因为你这种作风完全违背了教会的规定。"

"校长，在我看来，教会的音乐如果继续这样下去，根本一点儿吸引力都没有，不但让人们感到厌烦，连虔诚的信徒也会被吓跑的。我们必须要花费点心血加以修改。"

校长仍旧固执地坚持自己的意见，巴赫只好沉默了，他自我安慰道，以后等恰当的时机来临再说吧。

郁郁寡欢的巴赫步履蹒跚地走回家去。安娜笑脸相迎，这让巴赫不得不再度隐藏起自己的忧虑。不过，这件事却成了日后严重纠纷的导火索。

《马太受难曲》公演的前几天,巴赫大清早到礼拜堂排练,他发现团员们都没有出现。巴赫觉得很奇怪,赶忙找校长问原因。校长的话让巴赫十分意外:"巴赫先生,你指挥的合唱团里有很多团员的作风和你相似,所以,市议会决定停发你的薪水。"

"是谁决定这么做的?合唱团里有 15 位团员,他们都是我个人竭尽心力请来的,谁有资格这样决定?"巴赫再也抑制不住心中的愤慨。

"你的做法始终不能被元老院及市议会所接受。"

"这到底是为什么?"

"道理十分简单,因为你做了超出职业范围的工作。"

"照你这么说,我一定得遵守规矩,创作一些毫不动人的陈词滥调,是吗?"

"你说话最好客气一点,我虽然年纪大了些,但我还是个校长,所有职员的任命权全掌握在我手中。"校长红着脸,用力地拍着桌子说。

"可是,他们也应当向我这位合唱团长说一声吧!为什么不事先找我商量?"巴赫眼看自己已经处于下风,还是坚持自己的立场,不打算让步,尽力地为自己辩解。

校长这下没话说了,只得沉默下来。

"乐器在不断地改良再改良,同样的道理,创作的曲子也应该跟着时代潮流进步才对,总是一成不变的话,音乐是无法发展的。"

"这道理没错，但是你的作风完全违反了教会的规定，如果你还要在这里工作下去，首先必须要彻底的反省一番。"看着校长满面怒容，巴赫觉得他再多说什么都是没有用的，最后他愤怒地走出礼拜堂。

巴赫气得浑身发抖，在下班回家之前，他用力地将辞呈摔在校长室的办公桌上。

回家之后，他没有将一天的不愉快告诉安娜，更不敢提起辞职的事。只是一个人闷闷地坐在房间里，偶尔听到安娜带着孩子们合唱的声音。

此时已是深秋时节，虽然秋天的阳光还很温暖，但树叶都已开始枯黄凋落。巴赫一边欣赏着窗外幽雅的景色，一边想着"万物皆有生命"的真理。

巴赫的年纪还不算很大，应该能够克服一切困难，不畏任何险阻地勇往直前，就像寒冬里一棵不屈不挠的常青树。而校长已经老迈了，好像这秋天的枯叶一样，只能不由自主地随着风飘舞。

经过再三考虑，巴赫还是决定暂时跟校长妥协，暂时顺从校长的意见，他也算没有吃亏，而且这并不表示他失败了。

这时候，安娜走进了房间，巴赫还是不想把辞职的事情告诉她。

"刚刚校长来过了。"安娜这么一说，巴赫吓了一跳。

"他为什么到家里来？"

"你先心平气和地坐在这里休息，我慢慢地告诉你。"

巴赫一边品尝着安娜亲手沏的茶，一边等待着安娜说话。

"你是不是辞职了？"

巴赫觉得安娜的口气和平时截然不同。"完全没这回事，只是因为合唱团的事跟校长有些意见罢了。"

"校长就是担心事情越闹越大，所以才特地赶过来，因为当时你还没有回来，他就匆匆地走了。"

巴赫说："我只希望能够推动教会的音乐跟着时代的潮流发展，所以，我始终坚持不懈地创作新曲，但是我的做法却一直遭到反对。"

"我相信这只是上帝还没有给你充分的时间。"

"这种充分的时间会到来吗？还是应该靠我自己去争取呢？"

"我认为上帝会在一个最适当的时机赐福给你。"

"是吗？你真是这么想吗？"

安娜已经深深体会到，如果自己的丈夫失去了工作机会和社会地位，那么，这个家庭就会立刻陷入困境。光靠着风琴指挥和演奏的微薄收入，全家人的生计根本难以维持。安娜心中想着，如果巴赫真的辞职了，该怎么办呢？但是现在看着丈夫那副郁郁寡欢的模样，她实在不忍心再伤害他。

"亲爱的，我希望你继续演奏《马太受难曲》，目前合唱团的人数虽然不够，但并无大碍，我深信凡是属于你的荣耀一定会到来，到时候你的演奏一定会顺利而成功，千万不能半途而废。"安娜的一言一语都充满了爱心和关怀。

"放心吧，过去我都坚持下来了，从今往后，我更要奋发图强，绝不气馁。"

"确实应该这样，现在弗里德曼已经是一位成熟的演奏家了，老二埃马努埃尔也已经长大，其他的孩子更是聪明可爱。你的作品现在已经传遍欧洲的每一个教会，不必为了这些小事生气。如果现在将费尽心血建立起来的成果都抛弃，那不是太不可惜了吗？"

很明显，安娜的一番话语蕴藏着强烈的期许和盼望。巴赫对安娜满心感谢，只有安娜了解过去他是如何克服种种困难，才获得了今天的显赫声名。

"好吧，我现在立刻就到校长家去。"

"现在就去？不必那么着急。"

"刚才校长特地到咱们家中，现在我必须当面向他澄清才好。"

"那我们携手向前迈进吧！只要敢面对现实，勇往直前，我相信没有攻不破的难关。"

"谢谢你，亲爱的安娜，我明白了。"

巴赫说完就穿着外套出去了。在寒冷的冬夜里，星星依然闪烁，森林却是一片漆黑，天空呈现朦朦胧胧的蓝紫色。巴赫走在无人的街道上，早晨那种不愉快的心情似乎已经随着寒风而消逝。

校长看到巴赫拜访，立即用判若两人的态度热情地迎接。

"巴赫先生，我正在担心你的去留问题，所以，黄昏时分急急忙忙地去找你。"

"下午在学校里和你争论的时候，我确实是下了决心要辞职的。"

校长摊开双手，耐心地向巴赫解释说："我最害怕的就是这一点，因为你的作品不是我们的专利，而是早已经传遍了整个欧洲。因为这样，我才特地高薪礼聘你前来任教。今天下午我故意大声呵斥你，不过是给隔壁房间的那些人听的。"

"这到底是怎么回事？"

"实在是说来话长，总之，市议会和元老院那些固执的家伙真是让人头疼。我被夹在中间，左右为难。"

"事情真的是这样吗？"

"难道你不相信我的话？"校长反问巴赫。

巴赫因为学校的工作经常受到校长的百般挑剔，对校长刚才说的这些话不敢完全相信。他继续问道："《马太受难曲》的团员编制计划没有获得通过，你给了我诸多理由。只要符合学校和教会的规定，这个计划也不是不可能的，你同意吗？"

"我认为你不必再多做考虑，当初我听到你们的合唱练习时，几乎忘记了自己的年岁。我十分激动，乐曲是扣人心弦的，实在是美妙极了。我相信只要有这样动听的音乐，世界都会变得更加灿烂，再也不会有仇恨和罪恶。我真想马上让市议会和元老院的那群固执的家伙听一听这首优美的曲子。巴赫先生，你还要继续加油啊！我会在市议会和元老院之间尽量为你争取应有的权利。"

"那么拜托校长了。"

"同时希望以后你能有更杰出的表现。"

巴赫觉得今天晚上的拜访很有价值，他走出校长家，明亮的月亮高挂在天空上，巴赫踏着愉快的脚步往家走，他真希望早点把这个好消息告诉妻子。

"我的一切命运都取决于《马太受难曲》。"巴赫想着，脚步更加轻盈。他穿过森林中的小径，林间几户人家仍然灯火明亮，想必正在共享天伦之乐吧！

回到温暖的家，巴赫情不自禁地拍拍安娜的肩膀说："我亲爱的安娜，十分感谢！你料想得不错，《马太受难曲》果然获得了正式演奏的机会。"

"那实在是太好了！我真为你感到高兴。"

"一切都是忍耐的结果，我现在也体会出'忍耐'的重要性了，好像树木必须经过严冬的考验才能成长得更挺直更茁壮一样。"

"是这样的！孩子们连梦话都尽说些与音乐有关的话，真是可爱。"

安娜听了巴赫带回来的好消息，也变得开朗起来，一切的悲伤和忧愁都被抛到了九霄云外。巴赫现在终于可以悠闲地坐在摇椅上，享受胜利之后的欢愉了。

现在，伦敦的亨德尔经常公开演奏弥撒曲，其他年轻作曲家都在陆续发表自己的新作品，只有巴赫还在坚持己见，致力于别具一格的研究工作，他希望自己将来能有一些突破性的音乐创作。

意义深远的曲子

1729年，那个神圣礼拜周终于来临了，《马太受难曲》公开演出的消息早已传遍整个莱比锡城，甚至巴黎也在谈论这件事。

莱比锡城的人们在《马太受难曲》预演的时候已经一饱耳福了，所以，他们能够大致了解曲中的深远含意。

公演这天，圣托马斯音乐学校的礼拜堂挤满了群众，他们有的是长途跋涉慕名而来的。

巴赫当天一大早就和安娜在卧房中对着玛利亚的遗像默默祈祷，他们希望玛利亚的在天之灵能保佑公演顺利成功。

这时候正好合唱团员来访，"老师，我觉得今天的情况就好像是越过满是荆棘的崎岖小径，终于采摘到甜美而丰硕的果实一样。"

"是啊！作曲本来就是十分艰辛的事。至少，从我认识你开始，我就着手计划演奏会，直到今天才算大功告成，终于可以松口气了。"

"我相信今天一定能比预演时更精彩、更轰动。"

"原本，元老院和市议会都否决了我关于合唱团的编制计划，可是现在却又不得不默认《马太受难曲》的成功，这应该归功于大家的努力。是你们的鼓励给了我莫大的勇气，让我能够坦然地面对重重难关，并且一一去克服。"

"老师，应该是音乐一直在鼓励您。"

巴赫肃穆雕像

"你这么说也对！不过你们大伙儿对《马太受难曲》的贡献是有目共睹的，大家齐心合力使预演获得了成功，元老院和市议会那些固执的家伙才不得不妥协。"

巴赫的脸上终于露出多日不见的笑容。为了正式演奏的筹备工作，他费尽了心血，这段崎岖的路程实在是值得回忆。

"老师，合唱团的所有团员正在为《马太受难曲》的即将公演而欣喜若狂，我们马上走吧，否则就要迟到了。元老院和市议会代表们早就到现场了，他们都在议论老师您的过人之处。"

"我们不能乘马车去会场，因为有许多听众是徒步来的。我们的路程这么近，如果还堂而皇之地乘马车过去，我会感到很不安。"

"安娜，你们大家就跟在我后面吧，千万不要坐在特别席上。"

"好的，我明白，你们快去吧!"安娜不禁热泪盈眶，那都是"兴奋"的泪水。

整装待发的巴赫猛看上去像是小说中的"英雄"，不管是服装或是仪容都显得神采奕奕。

当巴赫到达礼拜堂前厅会客室时，大约已经有 40 位地方名流、士绅坐在礼拜堂的观众席上。其他慕名而来的听众更像是浪潮般地齐聚于此，拥挤在礼拜堂的周围和内厅。

巴赫带领所有团员向观众敬礼致谢，随后，团员们全部就位，准备演奏那首意义深远的曲子——《马太受难曲》。

这是一首以《圣经》马太福音篇 26、27 章（记载耶稣被钉十字架的故事）为依据创作的新曲，也是巴赫从事创作工作以来，呕心沥血的大作。

演奏乐器有弦乐器、长笛、竖笛及风琴等。第一合唱队分别饰演了耶稣、彼得、犹大、巡抚彼拉多及彼拉多夫人、两名祭司、两位用人等。而第二合唱部只有两种不同的角色。"咏唱"部分是为了表示赎罪的心意，同时，也表现了一种大爱和大义，因为，耶稣是为了拯救人类才被钉在十字架上受罪的。

这种声势浩大的乐曲真是前所未见!

巴赫闭着眼，观众们都在轻声议论着，他用手势要求观众们保持安静。突然之间，观众席变得鸦雀无声，一股紧张中的沉寂笼罩着整个礼拜堂。

紧接着，巴赫以十分锐利的眼光注视着所有团员，然后屏住气息，做出"预备"的动作。当巴赫将指挥棒举高的时候，所有团员深深地吸了一口气，只要一声令下，合唱及演奏马上开始，而带领团员们统一动作的人就是合唱团总指挥——铁列曼。

扮演基督的人经过了感人的、悲痛的自我预言。然后，他的十二门徒中的一个——犹大出卖了他。

每位听众都凝神倾听着舞台上的演奏，他们的灵魂受到了极大的震撼。观众席上有一位特殊的人物，那是来自远方的魏玛公爵。

根据记载，耶稣一边预言自己的命运，一边将面包分给门徒们。

由巴赫带领的合唱乐团经过了长时间的练习，今天可算是一鸣惊人，非同凡响。

歌词让人震撼且深受触动，还配有旁白解释："当耶稣被犹大出卖后，巡抚彼拉多便将他钉在十字架上。"最后，耶稣大声地呐喊，不一会儿，他就断气了。

如此复杂的合唱和演奏将耶稣的牺牲精神表现得淋漓尽致。"我的上帝！我的上帝！"这样呐喊式的大合唱加上各种乐器的伴奏，简直是扣人心弦。当乐曲由激昂转为哀伤柔缓而告终结时，全场变得一片静谧，没有丝毫喧哗和嘈杂。那种沉寂的气氛好像没有任何人存在一样。

"巴赫先生，您所作的这首曲子真正显示了上帝对人类的关怀，实在是太伟大、太令人感动了！我的衣襟都被泪水打湿了。"当曲子告一段落时，魏玛公爵马上到巴赫身边称赞他。

"这是我花了很长时间才完成的作品。"

"我也相信，如此超水准的杰作必然只能诞生在你的手中。"

"再次感谢您的夸奖！"

"我曾经假设过，这首成功的曲子如果不是诞生在这里，而是您在魏玛完成的，那么我会更引以为荣，但是现在我还是为你感到无比骄傲。"

巴赫与魏玛公爵聊了一会儿，便走出前厅会客室，只见那些地方上的名流、士绅一个个都被感动了，有的沉默不语，有的俯首沉思，有的站在窗边思索。

对于这场演奏的赞扬声此起彼伏，像潮水般一波接着一波，从不间断。

"巴赫先生，以您的成果看来，我几乎可以预言元老院和市议会等有关单位的决定了，我代表全校师生为您致上最深的谢意。"校长也过来祝贺。

"校长先生，从今往后我会更努力工作，绝不辜负校长的期望。"

"千万别这么客气，这样的成果是无与伦比的。"

当他们交谈时，舞台上传来一阵阵"再请巴赫先生出来"

的喝彩声。听众们这时候才从沉醉中清醒过来，把对于作曲家的崇敬表达了出来。

巴赫一时间好像忘记了一切，忘记了前妻玛利亚，也忘记了安娜和孩子们，他如置梦中。这种奇特的感受让巴赫终身难以忘怀。

人生落幕

腓特烈大帝的邀请

《马太受难曲》公演后，受到全国各界的一致好评，评论界的反应十分强烈，可是，元老院仍然坚持原来的立场，他们都认为，演奏时间过于冗长，这是没有必要的。

巴赫完全不在乎这些反对意见，又继续创作《圣诞神剧》，并决定公开演奏。

不久后，巴赫接到了一封来自伦敦的亨德尔的信，信中表示希望能得到《马太受难曲》的乐谱。巴赫马上为他寄了过去。

随着时间的推移，巴赫在圣托马斯音乐学校已经任教十来年了。

巴赫的家庭生活温馨且欢快，儿女承欢膝下，他仍然热衷于音乐创作，丝毫没有懈怠。之后，他还为路德教派创作了许多新的弥撒曲。一切看上去都很顺利，可是麻烦和困扰也接踵而至了。

市议会的议员们向巴赫提出抗议，说他为路德教派做的那些弥撒曲原本就是罗马旧教圣赞礼拜时吟唱的曲子，巴赫让它们以新曲的姿态出现，这是不道德的。

有一段时间曾经为巴赫极力辩护、处事明理的校长现在又对巴赫表现出冷漠的态度。除此之外，圣保罗教会的合唱团长盖鲁纳也因为巴赫的声名远播而十分嫉妒。于是，重重的难题又开始考验着巴赫。

有一次放学之后，巴赫急忙回家，打算继续创作新曲剩余的部分。当他途经校园长廊时，一位校工急匆匆地跑过来对他说："先生，校长有事要和你谈一谈。"

校长的办公室布置得十分典雅，校长含着烟斗满面笑容地对巴赫说："请坐！请坐！"

"请问有什么重要的事情吗？"巴赫似乎已经预料到校长即将对他说些不好听的"忠言"，所以，他故意显得十分镇静地问校长。

"还不是为了你的曲子。最近我感到十分疲惫，所以不想再到元老院和市议会走动了。"校长一边表明心迹，一边苦笑着说，"这个城市的元老院和市议会对音乐的发展前途并没有兴趣，他们总是以自己的观念和尺度来衡量一切事物。"

巴赫听了这番话，心情十分沉重，但只能应酬式地回答道："校长说的很有道理，今后我会更加谨慎的。"

"如果你真的愿意合作，那最好不过了，我虽然身为一校之长，却始终处于左右为难的境地。"

巴赫并没有在意校长的话，只是想赶快回家，他惦记家里的妻子和孩子，也想早点回去完成新曲。于是他打断了校长的说辞，急忙赶回家中。

"今早，亨德尔寄来一包东西。我已经放在你房间里了。"回到家中，安娜迫不及待地告诉他。

巴赫急忙走回自己的卧室。房间的墙角上挂着一只安娜亲手编织的竹篮，竹篮里有一个厚重的包裹，还有一些信件。

巴赫急忙拆开信件，信中说：

> 今年秋天，我经过长时间的思考后，领悟到了您演奏的圣歌《弥赛亚（救世主）》的意义。本来打算亲自前去拜访，但是因为琐碎杂务耽误了行程，我感到十分遗憾！随信附上了自己的拙作，真诚希望您能多加指点改正。同时，我也将日日夜夜为您祈祷，愿上帝赐福于您。

亨德尔的这封信显得十分谦虚而诚恳。巴赫看完后，没说一句话就将信递给了安娜，接着拿起手杖朝森林中走去。

这时候已经是深冬时节，德意志的冬天特别寒冷，家里必须依靠壁炉才能抵抗酷寒的侵袭。巴赫无意识地走向满是枯枝落叶的森林中，冬天的森林显得格外沉寂。

踩着枯黄的落叶，任凭它们在脚下沙沙作响，森林的尽头还是森林，似乎永无止境地连绵不断。远处墨黑的土地上长着一片青绿色的麦芽，它们必须熬过这一季的风霜，才能更茁壮、挺拔。

巴赫走着走着，忽然停住了。因为前面不远处传来了一阵悠扬的合唱声。他诧异而好奇地走近了去看个究竟，原来是一个由五六人组成的小型合唱团。巴赫仔细听着歌声中的每一个词句，发现竟然是自己写的《圣诞神剧》中的一节。

巴赫并没有上前与他们交谈，怕影响他们的排练，他独自一人静坐在树下沉思。晚霞的余晖仍然停留在天际，夕阳的光芒从干枯的树枝缝中透射下来，冬日的黄昏有着令人心醉的美丽。

在静静的森林中，没有人与人的纷争，没有仇恨和嫉妒，只有落日的余晖和淳朴的自然互相辉映。来到这里，几乎可以忘却尘世的喧嚣和不安。听虫鸣鸟叫，看鸟语花香，试问何处有此人间仙境！

森林里没有丝毫不和谐的音韵，万物都是自然而幽雅的。陶醉在旷野中，回想那充满喧嚣的人世，人类为了生活而艰难的挣扎，每个人都变得势利、自私，虚与委蛇。

巴赫想着，又站了起来。他突然想起一件很重要的大事，关于来自王室的一封密函。

是腓特烈大帝寄来的信。这位普鲁士国王现在是家喻户晓的著名人物。他被称为"北欧之光"，曾发动长达7年的战争，最终占领了西里西亚，征服了俄国，制伏了法国，目前正准备创造一个更大的帝国，他胸怀极大的野心和壮志。

腓特烈大帝的亲笔函是以"平邮"的方式寄过来的。巴赫接到信的时候，刚开始认为是亲戚朋友的恶作剧，结果拆开一看，竟然真的是腓特烈大帝的亲笔密函。他现在还拿不定主意，所以暂时不打算把这件事告诉安娜。

巴赫再次从口袋里悄悄地拿出那封密函，仔细研读其中的每一句话。那是一封措辞优美、态度谦虚的信件：

> 我一直都十分敬仰的著名音乐家巴赫先生：
>
> 　我期待着您能够答应我的要求，我是个能够吹奏长笛但技术不熟练的音乐爱好者，我经常想，如果能够聘请您亲自到宫殿来演奏，那将是我最大的荣光，也是我这一生的心愿。如果您的任何一位子女愿意加入本国的管弦乐团，那更是本国的殊荣，请您考虑一下！

巴赫读了好几遍，随后又秘密地将它放在口袋里。这时候，旁边的环境变得又冷又暗，那个五六人组成的小型合唱团不知什么时候已经离去了，他沉浸在自己的世界里，几乎忘记了回家的时间。

巴赫经常安慰自己说，虽然现在的工作环境让自己沮丧、痛苦，但一定会有转机。想到这里，他踏着轻快的脚步，飞快地走回家去。一回到家就迫不及待地拿出密函交给安娜。安娜展开密函仔细阅读，她的双手不停地颤动，又急又喜地喊着："这实在是太好了！你赶快去呀，这是个多么难得的机会呀！"

"那怎么能行呢？从政治的角度讲，我投靠腓特烈大帝等于投身异国；如果以个人的身份前去演奏，埃马努埃尔代表我去就可以了。"

"其实这种事不值得过分计较，何必为世俗所羁绊？我认为你还是应该亲自去，这不会损伤你的颜面！这些年来，我们的生活虽然一直还不错，但如果有更好的工作机会，何乐而不为呢？"

"谢谢你，安娜，我曾经也这么想过。我决定了，要脱离音乐圈，转入社交界，开始新的生活，去柏林或者维也纳，你认为如何？"

"你怎么会有这种打算呢？"

"这也算是我这些年来的心愿，刚开始我认为安于现状是家庭幸福的基础，现在我改变这种观念了。"

"这可使不得。你和音乐就像树和土壤，只有合适的土壤才能让树木茁壮挺拔的成长，如果把这棵树移到不合适的土壤上，它一定会马上枯萎。"

"我觉得也不尽然吧？"

"你还是继续从事音乐创作吧！千万别转向社交界，社交界不能让你施展抱负。"安娜的这番话对于巴赫而言等于一针镇静剂。细致入微的安娜了解巴赫的心情波动，她特地冲了一杯浓茶为他解愁。

安娜继续说："你最近没有旅行的计划吗？"

"学校的事务太繁杂，我都没有时间喘口气。"

"为什么不去德累斯顿剧场欣赏歌剧呢？"安娜一直都鼓励巴赫出去散散心。

"这倒是个好主意，咱们一起去吧！"

"家中事情太多，我实在抽不开身，让铁列曼陪你去吧！"

"好吧，有他陪着也不错。"

"不过在出发之前，咱们要征求一下埃马努埃尔的意见，看他是否愿意到柏林去演奏。"安娜很关心孩子们的未来。

《勃兰登堡协奏曲》

一个寒冷的早上，巴赫带着铁列曼搭乘马车前往德累斯顿剧场。铁列曼拿出乐谱，一边修改，一边哼唱。巴赫始终闭着双眼，似乎在寻找灵感。

"老师，现在已经是正午时分了。"听到铁列曼的声音，巴赫缓缓地睁开双眼。

马车上一共有七八位乘客，每个人的装束都朴实无华，他们都没有大声交谈，也没有不雅的举止，只是一直在颠簸的车上保持沉默。

好不容易到达一个小规模旅店。巴赫和铁列曼找了个位置坐下来，只见远远走来一位穿着破旧外套、仪态随和的绅士，他以温和的语气对巴赫说："对不起，请问您是不是巴赫先生？"

"是的，正是我。"

"果然是巴赫先生，我就是勃兰登堡侯爵。"

巴赫感到非常意外，他瞪大眼睛对他说："原来你就是勃兰登堡侯爵。"

"是的。请问巴赫先生要到哪里去啊？"

"我想要到德累斯顿剧场欣赏歌剧，正好路过这里。"

"实在太好了。我也要去欣赏歌剧，咱们可以结伴同行。"勃兰登堡侯爵和巴赫虽是初次相识，却谈得十分投机，周遭的人们也感受到了他们的愉快气氛。

勃兰登堡侯爵经常喜欢带着一两位知心伙伴，穿着普通百姓的服装，搭乘设备最简陋的马车，到处旅游。今天，侯爵正是为了亲自前往德累斯顿剧场欣赏歌剧，才偷偷地溜出官邸，换上旧平民服装，徒步到郊外，然后准备搭村中简陋的马车前往目的地。

侯爵因为今天与巴赫的邂逅而感到十分庆幸。《马太受难曲》在莱比锡公演时，侯爵曾带着三位用人打扮成农夫的模样前往观赏。

午餐完毕后，马车就要出发了，马夫催促着大家。就在巴赫准备付账时，铁列曼突然脸色苍白地跑过来急促地嚷着："老师，不好了！"

"到底发生什么事情了？"

铁列曼将巴赫领到窗户边，小声对他说："老师，糟了，我们的钱袋被偷了，怎么办？"

"这可怎么办啊？我们连饭钱都付不起了。小偷也真是的，没看到我已经这么穷了吗？哈哈。"虽然困扰不已，巴赫却不忘自我解嘲，一笑置之。他心想，可以把带来的乐谱先押在这里，等回来的时候再赎吧！反正有朋友住在德累斯顿，借一点钱应该是没有问题的。

"那么，我去和老板谈谈。"

巴赫一边安慰铁列曼，一边走向餐馆老板。还没开口，侯爵好像已经知道了真相，拦住巴赫说："巴赫先生，我已经知道你们的困难了，别客气，先把这些钱拿去用吧！"侯爵说完就拿出一枚金币。

"这怎么行呢？我可以到德累斯顿找朋友借钱。"

"这个地方常有人被偷，我也经常遇到这种情况，你不如把我当成你的朋友，暂时向我借吧，不要再犹豫了。"

巴赫接过金币，马上转交给餐馆老板，哪知道老板却说："面额太大，我们一时找不开。"

这时候，一辆黑色镶着金边的马车停在餐馆前，马车主人一定非富即贵。马车停稳后，走下来一位衣着讲究的绅士，还有一位仪容整洁的车夫。

"老板，贵馆是否有身份高贵的人士？"

"没有。从来没有身份高贵的人。"老板一边把玩着巴赫刚才交给他的金币，一边回答着绅士的问话。

这位绅士似乎注意到了巴赫，也注意到了巴赫身边衣着朴素的勃兰登堡侯爵。他马上向侯爵行礼，恭敬地说："勃兰登堡侯爵阁下，萨克森公爵正准备要来迎接您。"

周围的人都很惊讶，显然谁也没有想到，这位衣着朴素的人竟然是勃兰登堡侯爵。一时间议论纷纷。巴赫有些着急离开，但是金币还是找不开，他也就不能马上走。

"巴赫先生，不用担心，请这边坐，先歇歇脚，反正等一会儿只有我们几个人坐车，绝对不会拥挤，其实我对马车最没有兴趣，途中的颠簸让人难以忍受。"侯爵一边安抚巴赫焦急的情绪，一边自我安慰，"巴赫先生，如果你愿意的话，今晚我们就暂时借宿在萨克森公爵的官邸。萨克森公爵和我是多年的好朋友，他也久仰你的大名。大约一两个月前，他还说要礼聘您到宫中来演奏呢。"

"那真是我的荣幸！虽然住宿并不是一件重要的事，但是，为了表示我的诚意，咱们今晚就住在萨克森公爵的官邸好了。"说完，他们雇了一辆马车，找到零钱给餐馆老板，然后前往萨克森官邸休息。这辆车的设备比较好些，座椅很柔软，把手也很稳固，乘客即使长途的跋涉也不会觉得疲惫。

到达德累斯顿城时，马车转入了直通萨克森官邸的林荫大道。

"这位是巴赫先生，他在途中遭遇了小偷的'洗礼'，所以，我把他一起带到这里打扰一宿。"勃兰登堡侯爵简明扼要地向萨克森公爵引见了巴赫。

"十分欢迎您啊！我很久之前就想聘请您来演奏。"

萨克森公爵的官邸环境幽雅宁静，有森林、有湖泊、有溪流，还有百花争艳的庭园。池塘里的喷泉在冬日阳光的照射下，显得光彩夺目。巴赫和铁列曼一起在这座庭园里悠闲地散步。

当天晚上，萨克森公爵向自己宫廷乐团的团员们隆重介绍了巴赫，并请他现场演奏自己作曲的弥撒曲。演奏结束后，团员们异常兴奋，纷纷表示自己真是大开眼界。

第二天，巴赫又借到一枚金币，他连续三天到剧场观赏意大利歌剧。

在归程的马车上，也发生了一些有趣又值得回忆的事情。

勃兰登堡侯爵这次装扮成朝拜圣地的信徒的模样出现在马车上。巴赫心想究竟该如何称呼他呢？是称呼他侯爵，还是叫些别的什么？这真是件伤脑筋的事。

"这位就是勃兰登堡侯爵。"一回到家，巴赫迫不及待地引见安娜与勃兰登堡侯爵认识。

个性豪爽的侯爵说："今天我是来拜访这个世界上最贤惠的妻子，也是最伟大的母亲的。"

"呵呵！您真是过奖了！请进，请进。"一时间，愉悦的气氛充满整个房间。

侯爵和随身侍从在巴赫家那间放置钢琴的接待室里受到了十分热诚殷勤的招待。侯爵发现巴赫子女众多，他感到十分惊讶。

没过多久，侯爵准备起身告辞，巴赫将一枚金币还给侯爵，他无论如何都不肯接受，匆匆乘上马车走了。

大儿子叛逆

现在，巴赫是 14 个孩子的父亲。孩子们嬉戏的声音每天都不绝于耳。

有一天，弗里德曼站在门口，说有事要跟巴赫商量。

"进来吧！你要跟我说些什么呢？"

"爸爸，我对这里已经厌烦了。"

巴赫一时没有明白弗里德曼的意思，"那你想到哪里去呢？"

"我想到柏林进修，希望爸爸给我一些钱。"

"给你钱当然可以，但是我希望你能详细告诉我你的计划。你坦白地说，不要有顾虑。"巴赫亲切地抚摸着弗里德曼的头，然后将他带到沙发上坐下。

这几年，巴赫不知道为了弗里德曼的事花费了多少心血。他是巴赫和玛利亚的长子，巴赫不希望他幼小的心灵上留有阴影，所以，对他特别关心。安娜也一直对弗里德曼严加管教。

"如果能够继续学习，那么他的成就指日可待，我有这个把握。"巴赫这样安慰自己，毅然决然地答应将弗里德曼送到柏林进修。

"因为爸爸的事业很忙碌，而且我也没有机会向其他老师请教，如果再这样下去，我会彻底被别人超过。安娜妈妈每天为弟弟妹妹们忙得团团转，也没有时间指导我。"弗里德曼的每句话都好像利箭一样刺伤了巴赫的心。

"弗里德曼，难道你不愿意再跟着爸爸学点儿知识吗？爸爸一定尽心尽力教导你，好吗？"

"虽然这是个好主意，但我还是希望凭自己的能力彻底地将潜力发挥出来。虽然我没有爸爸出色，但有朝一日我必定要远胜于爸爸。"

巴赫觉得今天的弗里德曼似乎有些不一样，他闻到了酒味。"弗里德曼，你是不是喝酒了？"

弗里德曼回答："是！喝酒有什么不对吗？"

"年轻人最好不要与酒为伍，应该多为自己的前途努力，当然，偶尔喝一点倒也无妨。"

前一阵子，埃马努埃尔经常向巴赫报告说，大哥深夜归来时，都是翻墙入室，从来不走正门。巴赫听了不但没有理会，还严厉指责埃马努埃尔不应该背地议论别人。

当巴赫问起这些事情时，弗里德曼竟然理直气壮地说："我明白了，一定是埃马努埃尔告诉爸爸的。我知道爸爸想要将埃马努埃尔调教成出色的音乐家，对我却漠不关心，是吗？"

"弗里德曼，你怎么能这么说，你应该好好地自我反省。"

巴赫不自觉地大声斥责弗里德曼。

"我看不惯埃马努埃尔，我要到柏林进修，我一定要做一个比爸爸更杰出的音乐家。"弗里德曼毫不示弱地大声嚷着，说完掉头就走。

巴赫突然拦住了他说："弗里德曼，你冷静一点。在学习的过程中，酗酒作乐一点都不像话，难道你不觉得可耻吗？至少你也应该为弟妹们做一个好榜样吧！"

"我不需要任何人的赞美和夸奖，我还是希望去柏林，如果长时间留在这里，永远也无法比爸爸更杰出、更出色。"

"你最近是怎么学会喝酒的？"

"我做什么事情是我的自由。在城里，一天到晚只听得到'巴赫'这个响当当的名字，别人都是无法比拟的。"

"弗里德曼，你说的这是什么话？"

"我，我就是要为所欲为，谁也管不了我，请你放开我。"弗里德曼说完便掉头离去。当天晚上直到第二天夜里都不见他回来。

"爸爸，我们赶紧去把哥哥找回来好吗？"

"还是随他去吧！"

"但是哥哥每天都沉迷在酒吧里，甚至经常赊账。听说他还大放厥词，指责巴赫是一个粗俗低浅的音乐家，他的作品几乎不值一提……"

"不用管他，让他尽情发泄吧！随着年岁的增长，他会明白父母的苦心，每个年轻人都会有叛逆期，咱们不理他就是了。"

"可是如果哥哥因为饮酒过度而影响健康，那该怎么办呢？"

"那就是他自找的。"

"我还听说，昨天晚上酒吧里有两三个流氓酒后聚众闹事，情况好像很严重。"

"这是真的吗？"

"是真的，哥哥昨晚到底有没有回家啊？"

巴赫的脸色十分难看，他无言以对。如果将事实真相告诉埃马努埃尔的话，那不是更影响他们兄弟之间的感情吗？巴赫心想，弗里德曼在这座城市里被"巴赫"这个姓氏的巨大阴影笼罩着，无论他走到何处，人们只把他当做是"巴赫的儿子"，根本没有人在意他的实力和内涵，是因为这样，他才心灰意冷、自暴自弃吗？

一天下午，城里几个小流氓又把弗里德曼带到酒吧饮酒作乐。现在，如果将"酒"和"钢琴"摆在弗里德曼面前让他选择，他肯定毫不犹豫地选择前者。

"这可怎么办啊？"安娜慌慌张张地跑进卧房，对巴赫说。

"出了什么事？"

"酒吧的人又来要账了！"

"是弗里德曼赊的账吗？"

"其实有些事情，我一直没敢告诉你，我已经为他付过几次酒账了。"

"安娜，事到如今，还有什么办法呢？再付给他吧！相信不久以后，他会觉悟的。"

"我也经常这么劝他，没想到他竟然变本加厉，越陷越深。"安娜一边流泪，一边对巴赫说。

"好，你先去付钱，然后到房里来。"

一会儿，安娜又走回了卧室。

"安娜，我认为弗里德曼的确拥有音乐天赋，但他生性骄傲，而且自恃过高，我打算把他送到柏林去进修，或许这对他的前途更有帮助。"

"但是万一他在柏林自甘堕落，那不是更糟！"

"如果真是这样，那就真是无药可救了！"

"我真担心会发生这种事。"

"放心吧！每个人都有属于自己的路，那是别人无法干预的，我相信弗里德曼有自己的想法。"巴赫的眼中充满了忧伤的泪水。

这之后，勃兰登堡侯爵再次来访，他离开的时候是一个寒雪纷飞的早晨，弗里德曼竟然偷偷搭乘勃兰登堡侯爵的马车离家而去。过了很久，巴赫夫妇都没有弗里德曼的消息。

"弗里德曼，你到底在哪里？你真的去了柏林吗？"安娜十分担心弗里德曼。

"我们只好等他主动联系我们了。再想办法吧，他曾经说我的作品不值一提。"

"他真是太放肆了！他出门的路费哪里来的呢？"

"兴许是跟朋友借的。"

就这样，夫妇两个无言以对，时不时低头思考问题，但这些问题都是关于弗里德曼的。后来巴赫知道实情后，曾把勃兰登堡侯爵的马车比喻成"命运的马车"，因为它改变了弗里德曼的命运。

有关勃兰登堡侯爵在餐馆借款解危的事情，巴赫曾特别做了《勃兰登堡协奏曲》以示感谢。爱子弗里德曼私自前往柏林这件事给巴赫带来了新的创伤。

弗里德曼的逝去

弗里德曼曾经寄了几封信给家里，说他现在正担任柏林管弦乐团的风琴演奏师，偶尔利用假期前往丹麦和荷兰旅游，借此增长见识。这种充满思乡之情和游子苦楚的家书总得每隔一年半载才能接到一次。

巴赫逐渐习惯了弗里德曼的离去，仍旧热衷于作曲工作。之后的一段时间里，一首接一首出色的作品不断诞生，比如《G小调幻想曲与赋格》《我的灵魂，你已准备好》等。

巴赫的二儿子埃马努埃尔已经开始准备去腓特烈大帝的宫殿参加演奏，这是他至高的荣耀。

巴赫很担心弗里德曼的情况，一再叮嘱埃马努埃尔顺便转往柏林去探望弗里德曼。

　　"我一定会去找哥哥的。"埃马努埃尔也很想念远在柏林的大哥，他爽快地接受了爸爸的嘱咐。

　　"埃马努埃尔，你可不能学哥哥的坏习惯，他现在过于自负和自满，又不求上进，这是他的错，他一定会遗憾终生。你千万不能重蹈覆辙！"巴赫看着自己的第二个儿子又将离去，虽然此行是无上的殊荣，但还是放心不下。

　　"爸爸，您放心吧！我一定会好好努力，当一名年轻又出色的演奏家。"

　　"我并不是要求你做一个名人或富翁，只希望你能遵照上帝的指示，在正确的道路上前进。"

　　"爸爸，如果我找到了哥哥，怎么跟他说呢？"

　　"要规劝他过正常的、有规律的生活，千万不可自毁前途。"

　　"我知道了，哥哥一定会听我的劝告。"埃马努埃尔到达柏林后，除了分内的工作之外，每逢周末或假日便离开腓特烈大帝的宫殿，到各处查访哥哥弗里德曼的消息。

　　某一天，寒气逼人，彻骨的寒风阵阵吹来，埃马努埃尔根据获得的一些消息，抱着无限希望前去找寻他的哥哥。

　　埃马努埃尔一边走一边找，走到河岸旁最脏乱的柏林贫民区，那里的房屋破旧不堪，砖瓦都褪去了颜色。核对过手中抄录的地址，他站在一栋两层式的砖房前，高声喊着哥哥的名字。

　　这时候，房里走出一位白发苍苍的老婆婆，埃马努埃尔礼貌地向老婆婆询问:"请问弗里德曼是不是住在这里?"

"你是说那个好吃懒做的家伙弗里德曼吗?他连房租都交不上,整天在酒吧里骗吃骗喝,不知有多少女孩上当受骗。"老婆婆显出一副十分不屑的神情。

"弗里德曼就是我哥哥。"埃马努埃尔含着眼泪哽咽地说。埃马努埃尔又想起父亲交给他的 30 枚金币,是拿来解决哥哥的困境的,现在他可以先把房租付清,其余的交给哥哥作为生活费用。

"你真是弗里德曼的弟弟吗?"

"是的。我现在是宫廷乐团的成员。我哥哥不在家吗?"

"是这样啊。你先请进吧!"

埃马努埃尔胆战心惊地跟着老婆婆走进那间简陋的小房间,他将带来的礼物交给老婆婆,老婆婆的态度立刻变得慈祥和蔼起来。

"弗里德曼大约有 5 天没有回来了,他刚搬到这里的时候,还很知道上进,但是后来就渐渐沉迷于酒色当中了,他的生活变得毫无规律,有时候我也注意他的饮食起居,最近他似乎连面包也没得吃了!"

"我这里有钱,你知道我哥哥去哪里了吗?"

"我不清楚。他经常三五天都不见踪影,有时候甚至连续好几天只啃面包,喝白开水。房租拖欠了将近一年,我听说他是巴赫的儿子,巴赫可是音乐界鼎鼎有名的人物。我这老太婆就靠收点房租为生,如果每位房客都这样,那我不是要喝西北风了吗？"

"请你计算一下我哥哥究竟欠了多少房租，我替他付清。"

"很好！我还没见过这么大面额的金币呢。"

埃马努埃尔和老婆婆聊了一会儿。外面的雪下得更大了。

"这么大的风雪，哥哥竟然有 5 天不见踪影了，到底去哪里了呢？"埃马努埃尔担心哥哥，生怕发生什么意外，想到这里，他不由得打了个哆嗦。

老婆婆见夜色已深，就说："我也不确定他究竟什么时候回来，要不你先到他房间休息一会儿，说不定他很快就会回来的。"

正在埃马努埃尔为今天的来访感到失望，拿起手提袋准备要回去的时候，突然传来一阵急促的敲门声。

老婆婆开门一看，原来是两个又高又壮的男子。

"那个叫弗里德曼的音乐败类是住在这个地方吗？"

"是的，发生了什么事？"

"他被冻死了。"他们报告完噩耗，马上从马车上抬出弗里德曼的尸体。

"哥哥！哥哥……"埃马努埃尔抱着哥哥冻僵的尸体，失声痛哭。万万没有想到，费了好大力气才找到哥哥的住处，竟然一相逢就天人永隔。

"实在是太可怜了，这么年轻就死于非命。"老婆婆也慈祥地抚摸着弗里德曼的面颊。

"哥哥，爸爸让我带来了很多金币，你怎么不睁开眼睛看一看呢？”

埃马努埃尔当天晚上在老婆婆家守了一夜的灵。那个漫长的夜晚对于埃马努埃尔来说，真是个刻骨铭心的长夜，他的情绪就像屋外纷飞的雪花，凌乱而复杂。

“我该怎么跟父亲说呢？如果我能早点将金币交给哥哥，也许他就不会死了。”善良的埃马努埃尔深深地自责着，认为是自己的疏忽造成了现在的惨状，但是现在说什么都太迟了！

埃马努埃尔心力交瘁地返回腓特烈大帝的宫殿。腓特烈大帝马上召见他说：“请你放心，我会为你哥哥筹备丧葬事宜。”埃马努埃尔被腓特烈大帝的仁慈与厚爱深深感动，但是他决定将哥哥带回莱比锡安葬。

所有手续办好之后，埃马努埃尔准备驾着雪橇，将哥哥带回到莱比锡的家中。

途中积雪深厚，天气的寒冷和埃马努埃尔心中的寒冷叠加在一起，他一直在深深地自责。

在莱比锡的巴赫已经通过腓特烈大帝的信函得知了弗里德曼的死讯。继母安娜含泪为大儿子弗里德曼诚挚地祈祷，巴赫因为爱子的死情绪低落，无精打采，几天粒米未进，常常目光呆滞地坐在钢琴前。

让人感到意外的是，连巴赫自己也没想到，在无意识的状况下轻触琴键，竟然谱出了一首名曲。

巴赫的眼泪似乎流光了，他每天都向上帝祈祷：“上帝啊！请用慈悲赦免我的儿子弗里德曼的罪。”

前来吊唁的人络绎不绝，巴赫总是低垂着头恳求大家宽恕他教导无方。

"天国没有悲伤、没有仇恨，因为上帝将每个人引导到各人专属的道路上去，所以没有纷争和邪恶。"弗里德曼在世时，是个很有抱负和理想的孩子，可惜他误入歧途，终于成了迷途而不知返的羔羊。巴赫想着想着再次低下头去，无意识地轻触琴键，琴键上沾满了泪水。

音乐生涯的荣光

时间到了 1747 年春天。

巴赫的三儿子已经是一位极富潜力的歌剧作曲家，现在正担任英国王妃的音乐教师。而巴赫本人已经成为全欧洲最著名的音乐家，但他的生活仍然保持着严谨的原则，没有因为他的盛名而有所改变。

3 月时，春天就要来了，好像所有美好的事物也都会随着春天的脚步而来。巴赫再次接到腓特烈大帝的亲笔聘函。

二儿子埃马努埃尔在腓特烈宫廷乐团的工作日益应付自如。巴赫接到聘函也感到十分欣慰，但是莱比锡那冥顽不灵的市议会和元老院不可能放任"人才外流"，这是巴赫最头疼的问题。

腓特烈大帝的亲笔聘函是这么说的：

我十分想念的巴赫先生，如果你以私人身份到宫廷来任职，应该没什么问题吧？不知道你是怎么看的？我已经分别向市议会和元老院说明了问题。虽然我们的政治立场有所不同，但在音乐方面的嗜好却相差无几。所以希望你不要再辜负我的期望。

　　从这封亲笔聘函中可以看出，腓特烈大帝始终对巴赫很器重。腓特烈大帝年幼时，曾在他父亲严而不厉的教导下成长，所以他的个性不偏不倚，他从小就受到熏陶，音乐素养较高。他的百姓们都十分爱戴崇敬他。

　　巴赫对腓特烈大帝向元老院及市议会提出的说明，感到十分诧异，却又很激动。

　　第三天午后，元老院派了一位差役来请巴赫。当巴赫到元老院时，才知道原来是"柏林之行"已经获得批准。

　　"安娜，我终于获准前往柏林演奏了。"巴赫跑回家告诉妻子。

　　"这是真的吗？"安娜半信半疑地说。

　　"是真的，不过，是有条件的，不得涉及政治，行程必须在10天以内。"

　　"这些条件还是可以接受的。"

　　"这次我亲自向腓特烈大帝致谢，感谢他在弗里德曼丧葬时的热心帮助，还有对埃马努埃尔的照顾。"巴赫是一个十分细心的人。

"这是应当的，也带上我的谢意，弗里德曼如果知道爸爸即将前往柏林演奏，他在天国也会含泪微笑的。"安娜说。

"如果他当时能走正途，现在我们就可以父子重逢了。唉，这都是命运的安排啊！"年过半百的巴赫自有做人处世的原则，对很多事情也能够坦然面对，不再像年轻人那样迷茫徘徊。他准备好纸笔，准备回信给腓特烈大帝，告诉他一切都已安排妥当，即将前往。

这次柏林之行让巴赫的心又年轻了很多。

5月的黄昏，腓特烈大帝的庭园里花朵盛开，绿草如茵。腓特烈大帝正倚在安乐椅上，对着窗外的景物出神。喷泉中水花四溅，水珠在夕阳的余晖里宛如璀璨的宝石，水池中央有一座栩栩如生的海神石像。

腓特烈大帝忽然站了起来，拿起案旁的摇铃摇了几下。马上有一位服饰整洁的侍者走进来听候指示。

"马上要开始了吗？"

"是的，陛下，今天演奏的是室内乐曲，希望陛下能够莅临。"

"我一会儿就到。"

"好的，遵命！"侍者退下之后，腓特烈大帝好像有点不耐烦的样子。

最近，腓特烈大帝常常觉得落寞孤单，他对王后的关爱也在慢慢减少，他总是想起战场上英勇奋战的战士，他们奋不顾身，为祖国献出了青春和生命，他们的精神多么伟大，他们的人格多么崇高！每次想到这里，腓特烈大帝都会虔诚地向上帝祈祷，祈祷逝者安息，生者凯旋。这几乎是他每天的例行工作。

"经过许多年的激烈战争后，攻伐杀戮结束，胜者为王，败者为寇，这就是所谓的战争。我是战争的始作俑者吗？"腓特烈大帝总是这么想，然后会忽然觉得一切胜利都没有了意义。他想到巴赫前两天寄来的信，算算信中所写的出发时间，巴赫今天应该会到达。

"陛下，今晚的室内演奏照常举行吗？"侍者再次过来请示。

"是的，我们立刻开始！"

"遵命！"侍者走了以后，腓特烈大帝竟然再度陷入沉思中。这种不断地反思也许就是他落寞孤独的主要原因。现在，唯一能使他提起兴趣的就是"音乐"。

当腓特烈大帝走出沉思时，已经过了很长时间。他匆匆地走进音乐大厅，只见乐团成员们已经都等在那里了。

今晚的音乐演奏并没有安排正式的程序。乐谱和乐器早已经安排妥当，腓特烈大帝坐上特定的座位，顺便扫视了一下全体成员的脸色。他们都在等待国王陛下发布命令。

这时候，值班军官呈上了一份明细表。表中详细记载着现场值班官兵的名字，还有外国来访贵宾名册等。

腓特烈大帝一边玩赏着手中的长笛，一边看着明细表，他用兴奋的口吻说："各位，巴赫先生马上就要驾临了。"

"是我爸爸来了！"埃马努埃尔一时高兴喊了出来。大家都看向他时，他才意识到自己的行为有些不妥，一张脸涨得通红。

"对，是你爸爸来了，你赶快乘马车去旅馆迎接他吧！"

埃马努埃尔向腓特烈大帝表示感谢之后，急匆匆地退了出去。腓特烈大帝的心情也好了很多，他一直期待着巴赫的来临。现在他似乎已经忘记了室内演奏的事，他手中拿着长笛，在大厅中来回踱步。

"怎么还没有到？应该快到了……"他焦急地小声抱怨着。

没过多久，大门慢慢地开启了，大家都不约而同地注视着门外即将出现的人物。只看到笑得合不拢嘴的埃马努埃尔带着父亲巴赫站在门前。

两鬓斑白的巴赫微微地弯着身子，一步步走进大厅，他的儿子埃马努埃尔紧紧跟在他身旁。

巴赫对着腓特烈大帝深深地鞠了一躬，表示对他的崇敬。腓特烈大帝则一边微笑，一边快速走到巴赫身旁，紧紧握着他的双手，好像不知道如何表达自己内心的喜悦和兴奋。

"是什么事情耽误了吗？我等了很久。"

"陛下，我第一次前来拜访却没有先向您请安问好，这不是我的罪过。"

"那么，这是我的罪过吗？"

"当然也不是。"

"那么，是我忘了派大队人马前去迎接？"

"不，我没能尽快离开莱比锡是上帝的旨意，我背负着千斤重担和琐碎的杂务，所以脱不开身。"

"如果这样的话，那么你胜利了。"

腓特烈大帝对与巴赫初次见面的这段幽默谈话，感到格外开心，巴赫亲切、随和，让他觉得他们的交谈十分舒服。

"巴赫先生，如果你觉得不是很疲倦的话，我想带你参观一下新型钢琴。"

"好啊，我对音乐艺术始终是乐此不疲的。"

腓特烈大帝拉着巴赫的手朝着钢琴陈列室走去。王子和公主们为了能够见到巴赫，纷纷聚集在音乐大厅里。

进入钢琴陈列室之后，巴赫掀开琴盖，弹奏了一首悦耳动人的变奏曲。这种新型钢琴确实品质优良。

在其他陈列室里也同时陈列着若干架相同的新型钢琴。巴赫几乎每一架都花费了很长时间进行试弹。

"陛下，我觉得绿色陈列室里的钢琴音质最美。"

"但是巴赫先生，一架音质优美的钢琴如果不能让出色的钢琴家来弹奏，那不是一种浪费吗？"

"陛下，没有这回事，只要弹奏者是用心的，就可以将优美的音质表现得淋漓尽致。"

"是这样吗？不过我从来没想过弹奏这些钢琴！"

"这是为什么呢？"

"我只想听你弹奏的曲子。"

"这真是我的荣幸！那么我演奏一首曲子给您听吧！"

"你真是一位风趣又真诚的音乐家，随时随地鼓励像我这样的音乐爱好者。请稍等一下，我让侍者将长笛拿过来。"

不一会儿，侍者送来了长笛。腓特烈大帝稍微犹豫了一下，便将长笛的吹孔放在嘴边，吹了起来。

巴赫微笑地望着腓特烈大帝说："您希望跟我合奏一曲吗？"

"是的。"

于是，巴赫开始弹奏。钢琴与长笛的声音交织在一起，宛转悠扬。

一曲终了，腓特烈大帝紧紧握着巴赫的手说："我都不知道该怎么表达内心的敬意了，你果然是音乐之父，我想把这架音质优美的钢琴送给你，以聊表我的敬意。"

"那实在是感激不尽。"

"应该说谢谢的是我才对。"

"陛下，这是我一生最光荣、最骄傲的时刻。"

与世长辞

第二天，柏林的街道上好像举行盛大的庆典那样热闹非凡。这是因为腓特烈大帝马上要带着巴赫前往各教会巡回演奏。就连腓特烈大帝的母亲、王后等也为了要听巴赫的现场演奏，特地盛装从柏林郊外赶了回来。

对巴赫来说，这一天可能是他一生最光荣的日子。每当他到达一个教会演奏的时候，总是有无数的崇拜者表达着他们对巴赫的敬意，他的演奏获得了所有人的一致好评。听众们都陶醉在悠扬悦耳的旋律中，感觉好像上帝即将赐福于此一样。

赞美的话语不绝于耳。等巴赫离去后，美丽的音乐好像也随之消失了，世界立刻现出原形。

在归途的马车上，腓特烈大帝激动地对巴赫说："巴赫先生，请你暂时留在我的宫廷里好吗？"

"谢谢您的好意，不过……"

"十天或者半个月，或者永远……"

"我明白，陛下，这是我的荣幸。"埃马努埃尔看到父亲这样受重视，也十分高兴。

两天，三天，五天……巴赫都在腓特烈大帝的宫殿中安

巴赫和他的乐谱

详地度过。白天，人们无忧无虑地听树上的鸟儿歌唱；夜里，人们聆听青蛙鸣叫，这里的人貌似都没有病痛和仇恨，所以这里也被称之为"无忧宫殿"。

腓特烈大帝今天再次陪着巴赫在苍郁的庭园中漫步，他们肩并着肩走向不远处的森林。

"巴赫先生，我这阵子总感觉十分讨厌国王这个地位，回想起之前的所作所为，没有任何功绩可与你杰出的作品比拟，实在是让人惭愧！"

"您太谦虚了。即使我不太懂政治，但是百姓们都称呼您为'菲利浦之父'，您应该知道他们对您是如此地崇敬与爱戴。"

"但是，百姓们越是这样，我越是内疚。我一直怀疑自己的举动是否都能深入民心。"

"当然。您的所作所为一定都对人民有着十分重要的影响。"

"我认为不是这样，我觉得自己的行径十分残暴无情，每每想到这里，我心中觉得十分沉重。"

"陛下，每个人的命运都掌握在自己手中，只要自己肯不懈怠地努力，最后，上帝一定会赐福给他。"

此次柏林之行，巴赫对腓特烈大帝有了更深一层的认识。身为一国之王，竟然还在不断地反省自己对百姓的贡献，这确实是一位不可多得的开明君主。巴赫很赞成腓特烈大帝的这种反思，因为作为一国之主如果能处处为人民着想，贫苦

腓特烈大帝的音乐会

百姓就会生活得更好。如果一国之主贪恋声色犬马，那百姓们就要受冻挨饿。

巴赫一边走在无忧宫殿的长廊里，一边想着如果腓特烈大帝真有这般宽大仁慈的胸襟，他的百姓一定会幸福安康，丰衣足食。

腓特烈大帝自从接触了巴赫的音乐，感受到他崇高的人格后，好像悟到了生命的真理。每当巴赫进行虔诚的晨祷时，腓特烈大帝总会悄悄站在一边观看。他那稳重的步伐和专注的眼神看起来一点儿也不像个经常发号施令的国王。

"这也许才是真正的人生吧！虽然自己拥有众多的人民，但如果不能获得充实的人生经验，那一切都是枉然。如果我连自己的人生都没有计划，国家还有什么前途呢？"腓特烈大帝边走边想，他碰巧经过巴赫贵宾室的门前，一阵悠扬的琴声传了出来。正当他停下欣赏时，音乐却突然中断了。

"陛下请进。"巴赫用低沉的声音邀请他。

"你是不是在忙？"

"我只是无意识地触动琴键而已，想打破这种宁静。如果常常住在这里，我几乎要忘记在莱比锡的妻子儿女了！"

"巴赫先生，真的是这样吗？其实，我今天也正好有点儿事想请你帮忙。"腓特烈大帝一边想着心事，一边眉头紧锁，似乎十分困扰。

"有什么事情呢？"

"这跟其他事情不一样，我知道你一定不会答应，可是……"

"如果和音乐有关，请说吧！"巴赫微微一笑，其实早就

圣约翰教会墓园

胸有成竹了。

"那么，我就不客气地鼓起最大的勇气说了，我还是衷心希望你留在柏林。"

"陛下，您的意思是让我永远留在柏林吗？"

腓特烈大帝沉默了。其实，他原本已经决定不再强人所难。但连日来欣赏巴赫精湛的演奏，他又动摇了自己的决心。

"陛下，在我有生之年，我绝对不会忘记这份特殊的荣耀。"

"那么，你答应来柏林定居了？"

"陛下，请您让我把话说完，我现在是个老人了，不久之后，就要离开人间。"

腓特烈大帝安静地听着巴赫说的每一句话。"巴赫先生，我的宫殿的大门永远为你敞开，随时欢迎你的光临，至于薪俸、住宅还有乐器等，一应俱全，我绝对不会亏待你的。"

"陛下，我要求的并不是这些。我现在已经是个两鬓斑白的老人，我对故乡莱比锡有一份诚挚的眷恋，所以，我不愿意离开它。"

"这是为什么呢？"

"当年我为生活困扰时，莱比锡圣托马斯音乐学校为我安排了一个合唱团长的职位，虽然工作辛苦了些，我却因此完成了许多杰出的作品。"

"原来如此！"腓特烈大帝长叹一声，仰望着天空。

"而且，还有很多孩子要继承我的事业，当然，弗里德曼是个例外，因为他目空一切，才会有如此悲惨的下场。"

"巴赫先生，我真诚地向你道歉，听了您的这些话，我觉得自己的行为十分可耻，请原谅我吧！"

"陛下的心意我心领了。埃马努埃尔还望您多多照顾。"

巴赫纪念币

"我明白，只要是我能力所及的，我一定为他解决任何问题。"腓特烈大帝再次紧紧握着巴赫的双手。

巴赫回国的期限已经到了，一大早，街道上挤满了欢送的人潮，国王的礼车也派上了用场。巴赫在马车上不断地回头凝望宫殿的窗口，感动的泪水几乎湿透了他的衣襟。

1748年，巴赫被眼疾困扰着。之前，他总是喜欢在微弱的月光下谱曲，再加上后来的家庭负担，他忧劳成疾。他的视力以飞快的速度衰退着，英国的两位眼科医生曾经为他动了两次手术，但还是没有痊愈的希望。不过，巴赫对音乐更加热衷，丝毫不敢懈怠。

有一天，他预感到自己离死亡已经不远了，但他的灵感仍然在喷发。巴赫拜托他的侄子记录下他口述的曲子。巴赫为这首曲子定了一个十分贴切的名称——《啊，主耶稣基督，留在我身边》。这是巴赫去世前 10 天完成的又一惊世之作。

巴赫躺在病床上呼唤着他的爱妻安娜。安娜含着泪水哽咽地安慰他。

"我发现，我又可以看到光明了!"

"你看得到我吗?"安娜抱着巴赫瘦弱的身体。巴赫挣扎着坐起身来与安娜进行最后的告别。

5 个小时后，巴赫的病情加重，连莱比锡的两位名医也没有办法。

1750 年 7 月 28 日，随着夕阳西下，举世闻名的伟大音乐家巴赫与世长辞了，享年 65 岁。他死后被葬在了圣约翰教会墓园。

这位伟大的作曲家将毕生的精力都奉献给了音乐。他曾经说过:"如我这般勤勉奋发，任何人都会有光明的前途。"

其实，巴赫的一生就是"勤勉"和"忍耐"互相结合而成的。他不像亨德尔能遍游英国、法国、意大利等地，他的生活范围没有那么广泛。可是仔细剖析他的音乐，却可以

巴赫博物馆

发现，那都是当代意、英、法等国音乐的综合。

有一段时间，人们将巴赫和他的作品遗忘得干干净净，不过后来经过门德尔松的再度推崇，人们又开始重视巴赫的音乐了。

门德尔松认为巴赫的作品十分珍贵，他后来创立了"巴赫协会"，并着手编纂《巴赫全集》，所以后世才能欣赏到巴赫的所有作品。

巴赫的一生如同科学家的科学研究一样，用最精准的态度来创作音乐，使之达到完美的境界。聆听他的音乐，我们可以感到精神的顿悟，这正是巴赫举世无双的音乐特征。